Mudfog und andere Skizzen

Charles Dickens

Writat

Diese Ausgabe erschien im Jahr 2024

ISBN: 9789359946832

Herausgegeben von
Writat
E-Mail: info@writat.com

Inhalt

ÖFFENTLICHES LEBEN VON HERRN TULRUMBLE, EINST BÜRGERMEISTER VON MUDFOG

MUDFOG ist eine nette Stadt – eine bemerkenswert nette Stadt – in einer reizenden Talsohle am Ufer eines Flusses gelegen, der einen angenehmen Geruch nach Pech, Teer, Kohlen und Taugarn verströmt und eine umherziehende Bevölkerung in Ölzeughüten, einen ziemlich stetigen Zustrom betrunkener Binnenschiffer und eine Vielzahl anderer maritimer Vorteile bietet. Mudfog hat viel Wasser, und doch ist es nicht gerade die Art von Stadt für einen Badeort. Wasser ist auch in den besten Zeiten ein perverses Element, und in Mudfog ist es das ganz besonders. Im Winter sickert es die Straßen hinunter und stürzt über die Felder – ja, es strömt bis in die Keller und Küchen der Häuser, mit einer verschwenderischen Verschwendungssucht, die man gut und gerne vermeiden könnte; aber im heißen Sommerwetter trocknet es *und* wird grün, und obwohl Grün auf seine Art eine sehr schöne Farbe ist, besonders für Gras, steht es Wasser sicherlich nicht; und es lässt sich nicht leugnen, dass die Schönheit von Mudfog selbst durch diesen unbedeutenden Umstand etwas beeinträchtigt wird. Mudfog ist ein gesunder Ort – sehr gesund; – feucht vielleicht, aber deswegen nicht schlechter. Es ist ein großer Irrtum anzunehmen, dass Feuchtigkeit ungesund ist: Pflanzen gedeihen am besten in feuchten Umgebungen, und warum sollten das auch Menschen nicht tun? Die Einwohner von Mudfog behaupten einstimmig, dass es auf der Erde keine schönere Rasse von Menschen gibt; hier haben wir sofort einen unbestreitbaren und wahrheitsgetreuen Widerspruch zu diesem vulgären Irrtum. Wenn wir also zugeben, dass Mudfog feucht ist, stellen wir klar fest, dass es gesund ist.

Die Stadt Mudfog ist äußerst malerisch. Limehouse und Ratcliff Highway ähneln beide ein wenig, vermitteln aber nur eine sehr vage Vorstellung von Mudfog. In Mudfog gibt es sehr viel mehr Gasthäuser – mehr als in Ratcliff Highway und Limehouse zusammen. Auch die öffentlichen Gebäude sind sehr imposant. Wir betrachten das Rathaus als eines der schönsten noch existierenden Beispiele Schuppenarchitektur: Es ist eine Kombination aus Schweinestall- und Teegartenkastenbauweise und die Einfachheit seines Designs ist von überragender Schönheit. Besonders gelungen ist die Idee, auf der einen Seite der Tür ein großes Fenster und auf der anderen ein kleines anzuordnen. Auch das Vorhängeschloss und der Schaber weisen eine schöne alte dorische Schönheit auf, die genau zur Gesamtwirkung passt.

In diesem Raum versammeln sich der Bürgermeister und die Körperschaft von Mudfog zu einem feierlichen Rat zum Wohle der Allgemeinheit. Auf den massiven Holzbänken sitzend, die mit dem Tisch in der Mitte das einzige Mobiliar der weiß getünchten Wohnung bilden, verbringen die weisen Männer von Mudfog Stunde für Stunde in ernster Überlegung. Hier legen sie fest, zu welcher Nachtzeit die Wirtshäuser geschlossen sein sollen, zu welcher Morgenstunde sie öffnen dürfen, ab wann es den Menschen erlaubt sein soll, an Kirchentagen und anderen wichtigen Feiertagen zu Abend zu essen politische Fragen; und manchmal, lange nachdem Stille über die Stadt hereingebrochen ist und die fernen Lichter von den Geschäften und Häusern beim Anblick der Bootsleute auf dem Fluss nicht mehr wie ferne Sterne zu funkeln aufgehört haben, ist die Beleuchtung in den beiden ungleich groß Fenster des Rathauses, warnt die Einwohner von Mudfog , dass seine kleine Gruppe von Gesetzgebern, wie eine größere und bekanntere Gruppe derselben Gattung, viel lauter und kein bisschen tiefgründiger, patriotisch vor sich hin döst Gesellschaft bis tief in die Nacht zum Wohle ihres Landes.

Unter dieser Gruppe von Weisen und Gelehrten zeichnete sich viele Jahre lang niemand so sehr durch die ruhige Bescheidenheit seines Aussehens und Verhaltens aus wie Nicholas Tulrumble , der bekannte Kohlenhändler. Wie spannend das Diskussionsthema auch sein mag, wie lebhaft der Ton der Debatte auch sein mag oder wie herzlich die Persönlichkeiten auch sein mögen (und selbst in Mudfog werden wir manchmal persönlich), Nicholas Tulrumble war immer derselbe. Um ehrlich zu sein, neigte Nicholas, der ein fleißiger Mann war und immer pünktlich wach war, dazu, einzuschlafen, wenn eine Debatte begann, und schlief, bis sie zu Ende war, und erwachte dann sehr erfrischt und gab seine Stimme ab größte Selbstgefälligkeit. Tatsache war, dass Nicholas Tulrumble , der wusste, dass sich jeder dort schon vorher entschieden hatte, das Reden nur als eine lange Auseinandersetzung über gar nichts ansah; und bis zum heutigen Tag bleibt die Frage, ob Nicholas Tulrumble in diesem Punkt nicht zumindest recht hatte.

Die Zeit, die den Kopf eines Menschen mit Silber übersät, füllt manchmal seine Taschen mit Gold. Als er nach und nach einen guten Dienst für Nicholas Tulrumble verrichtete , war er zuvorkommend genug, den anderen nicht auszulassen. Nicholas begann sein Leben in einem hölzernen Mietshaus von vier Fuß im Quadrat, mit einem Kapital von zwei und neun Pence und einem Handelsbestand von drei Scheffeln und einer Hälfte Kohlen, mit Ausnahme des großen Klumpens, der als Schild hing: draußen. Dann vergrößerte er den Schuppen und behielt einen Lastwagen; dann verließ er den Schuppen und auch den Lastwagen und startete einen Esel und eine Mrs. Tulrumble ; dann bewegte er sich erneut und stellte einen Karren auf; der Wagen wurde bald darauf gegen einen Wagen ausgetauscht ; und so machte er weiter wie sein großer Vorgänger Whittington – nur ohne eine Katze als Partnerin – und steigerte seinen Reichtum und Ruhm, bis er schließlich das Geschäft ganz aufgab und sich mit Mrs. Tulrumble und Familie nach Mudfog Hall zurückzog, das er selbst besaß Er wurde auf einem Hügel errichtet, von dem er sich vorzutäuschen versuchte, etwa eine Viertelmeile von der Stadt Mudfog entfernt .

Mudfog zu murmeln, dass Nicholas Tulrumble eitel und hochmütig wurde; dass Wohlstand und Erfolg die Einfachheit seiner Manieren verdorben und die natürliche Güte seines Herzens befleckt hatten; kurz gesagt, dass er sich für eine öffentliche Rolle und einen großen Gentleman bereit machte und tat, als würde er mit Mitgefühl und Verachtung auf seine alten Kameraden herabblicken. Ob diese Berichte damals begründet waren oder nicht, sicher ist, dass Mrs. Tulrumble kurz darauf eine vierrädrige Kutsche startete, die von einem großen Postillion mit gelber Mütze gelenkt wurde, und dass Mr. Tulrumble junior mit dem Rauchen begann Zigarren und nannte den Diener einen „Feller" – und dass Mr. Tulrumble von dieser Zeit an nachts nicht mehr auf seinem alten Platz in der Kaminecke des Lighterman's Arms gesehen wurde. Das sah schlecht aus; aber darüber hinaus begann man zu beobachten, dass Herr Nicholas Tulrumble häufiger als bisher an den Versammlungen der Gesellschaft teilnahm; und er schlief nicht mehr ein, wie er es so viele Jahre lang getan hatte, sondern öffnete die Augenlider mit seinen beiden Zeigefingern; dass er die Zeitungen alleine zu Hause las; und dass er im Ausland die Angewohnheit hatte, sich entfernten und geheimnisvollen Anspielungen auf „Volksmassen", „das Eigentum des Landes", „Produktivkraft" und „Geldzinsen" hinzugeben, die allesamt bezeichnet und bewiesen wurden dass Nicholas Tulrumble entweder verrückt war oder Schlimmeres; und es verwirrte die guten Leute von Mudfog erstaunlich.

Tulrumble und seine Familie etwa Mitte Oktober nach London; wie Mrs. Tulrumble ihrer Bekannten in Mudfog mitteilte, war Mitte Oktober der Höhepunkt der Modesaison.

Irgendwie starb der Bürgermeister genau zu dieser Zeit, trotz der gesundheitserhaltenden Luft von Mudfog . Es war ein höchst außergewöhnlicher Umstand; er hatte fünfundachtzig Jahre lang in Mudfog gelebt. Das Unternehmen hat es überhaupt nicht verstanden; tatsächlich war es mit großer Mühe möglich, einen alten Herrn, der sehr auf Formen achtete, davon abzubringen, ein Misstrauensvotum für solch ein unverantwortliches Verhalten vorzuschlagen. Doch so seltsam es auch war, er tat es, ohne die geringste Notiz von der Gesellschaft zu nehmen; und das Unternehmen wurden dringend aufgefordert, seinen Nachfolger zu wählen. Also trafen sie sich zu diesem Zweck; und da sie gerade sehr von Nicholas Tulrumble überzeugt waren und Nicholas Tulrumble ein sehr wichtiger Mann war, wählten sie ihn und schickten ihn gleich am nächsten Posten nach London, um Nicholas Tulrumble mit seiner neuen Karriere bekannt zu machen.

Jetzt, da es November war und Mr. Nicholas Tulrumble in der Hauptstadt war, stellte sich heraus, dass er bei der Show und dem Abendessen des Oberbürgermeisters anwesend war, und der Anblick der Pracht und Pracht davon war für ihn, Mr. Tulrumble , zutiefst beschämt , insofern ihm die Überlegung aufdrängen würde, dass er, wenn er in London statt in Mudfog geboren worden wäre , auch Oberbürgermeister gewesen wäre, die Richter bevormundet hätte und dem Lordkanzler gegenüber umgänglich und freundlich gewesen wäre mit dem Premierminister und kalter Herablassung gegenüber dem Finanzminister, haben mit einer Flagge hinter seinem Rücken gegessen und viele andere Taten und Taten begangen, die den Oberbürgermeistern von London eigen sind. Je mehr er an den Oberbürgermeister dachte, desto beneidenswerter erschien er als Persönlichkeit. Ein König zu sein war schön und gut; aber was war der König für den Oberbürgermeister! Als der König eine Rede hielt, wusste jeder, dass es jemand anderes war; wohingegen hier der Oberbürgermeister war und eine halbe Stunde lang redete – alles aus seinem Kopf heraus – unter dem begeisterten Applaus der ganzen Gesellschaft, während es berüchtigt war, dass der König mit seinem Parlament reden konnte, bis er draußen schwarz im Gesicht war auch nur einen einzigen Jubelruf bekommen. Während all diese Überlegungen Herrn Nicholas Tulrumble durch den Kopf gingen , erschien ihm der Oberbürgermeister von London als der größte Herrscher der Welt, der den Kaiser von Russland völlig besiegte und den Großmogul maßlos hinter sich ließ.

Mr. Nicholas Tulrumble dachte gerade über diese Dinge nach und verfluchte innerlich das Schicksal, das sein Kohlenlager in Mudfog ereilt hatte , als man ihm den Brief der Gesellschaft in die Hand drückte. Als er ihn las, lief sein Gesicht blutrot an, denn vor seiner Vorstellungskraft tanzten bereits leuchtende Visionen.

„Meine Liebe“, sagte Mr. Tulrumble zu seiner Frau, „sie haben mich zum Bürgermeister von Mudfog gewählt .“

„Meine Güte!“, sagte Mrs. Tulrumble . „Aber was ist aus dem alten Sniggs geworden ?“

„Der verstorbene Mr. Sniggs , Mrs. Tulrumble “, sagte Mr. Tulrumble scharf, denn er war keineswegs mit der Idee einverstanden, einen Herrn, der das hohe Amt des Bürgermeisters innehatte, kurzerhand als „Old Sniggs “ zu bezeichnen – „ Der verstorbene. “ Mr. Sniggs , Mrs. Tulrumble , ist tot.'

Die Kommunikation kam sehr unerwartet; aber Mrs. Tulrumble rief nur „Herr-a-mussy!“ wieder einmal, als wäre ein Bürgermeister ein gewöhnlicher Christ, worauf Herr Tulrumble düster die Stirn runzelte.

„Schade, dass es nicht in London ist , nicht wahr ?" sagte Frau Tulrumble nach einer kurzen Pause; „Schade, nicht in London, wo du vielleicht eine Show gehabt hättest."

„ Wenn ich es für richtig halte, *könnte ich* eine Show in Mudfog veranstalten , nehme ich an", sagte Mr. Tulrumble geheimnisvoll.

„Herr! „Das können Sie, das erkläre ich", antwortete Frau Tulrumble .

„Und auch ein gutes", sagte Herr Tulrumble .

'Entzückend!' rief Frau Tulrumble aus .

„Eines, das die unwissenden Leute dort unten eher in Erstaunen versetzen würde", sagte Herr Tulrumble .

„Es würde sie vor Neid töten", sagte Frau Tulrumble .

So wurde vereinbart, dass die Lehnsherren Seiner Majestät in Mudfog mit Pracht in Erstaunen versetzt und vor Neid niedergemetzelt werden sollten und dass ein Spektakel stattfinden sollte, wie es in dieser Stadt oder in keiner anderen Stadt zuvor noch nie gesehen worden war – nein, nicht einmal in London selbst.

Gleich am Tag nach Erhalt des Briefes kam der hochgewachsene Postillon in einer Postkutsche herunter – nicht auf einem der Pferde, sondern drinnen – also drinnen in der Kutsche –, fuhr bis vor die Tür des Rathauses, wo die Körperschaft versammelt war, und übergab einen Brief, der von Gott weiß wem geschrieben und von Nicholas Tulrumble unterschrieben war . In diesem Brief schrieb Nicholas auf vier Seiten dicht beschriebenen, goldgeschnittenen und heißgepressten Briefpapiers der Bather Post, dass er dem Ruf seiner Mitbürger mit tiefempfundener Freude gefolgt sei; dass er das schwierige Amt, das ihr Vertrauen in ihn gesetzt habe, annehme; dass sie ihn niemals vor der Erfüllung seiner Pflicht zurückschrecken sehen würden; dass er sich bemühen würde , seine Aufgaben mit all der Würde auszuführen, die ihre Größe und Bedeutung erforderten; und vieles mehr in diesem Sinne. Aber das war noch nicht alles. Der hochgewachsene Postillon holte aus seinem rechten Stulpenstiefel eine feuchte Kopie der Nachmittagsausgabe der Bezirkszeitung hervor; und dort stand in großen Lettern, über die gesamte Länge der ersten Spalte, eine lange Ansprache von Nicholas Tulrumble an die Einwohner von Mudfog , in der er mitteilte, dass er ihrer Aufforderung gerne nachkomme, und ihnen, um jeglichen Missverständnissen vorzubeugen, noch einmal erklärte, was für ein großartiger Kerl er zu sein gedenke, und zwar in ziemlich denselben Worten, in denen er ihnen die Angelegenheit bereits in seinem Brief erläutert hatte.

Die Korporation starrte sich bei all dem sehr scharf an und blickte dann so, als wollte sie dem großen Postillon eine Erklärung geben, doch als der große

Postillon aufmerksam die goldene Quaste oben auf seiner gelben Mütze betrachtete, konnte er sich überhaupt keine Erklärung leisten Auch wenn seine Gedanken völlig abgelenkt waren, begnügten sie sich damit, sehr zweifelnd zu husten und sehr ernst auszusehen. Der große Postillion überbrachte dann einen weiteren Brief, in dem Nicholas Tulrumble die Korporation darüber informierte, dass er beabsichtige, am darauffolgenden Montagnachmittag in prächtigem Zustand und prächtiger Prozession zum Rathaus zu reisen. Daraufhin blickte die Gesellschaft noch feierlicher drein; Aber als der Brief mit einer formellen Einladung an die ganze Gemeinde endete, an diesem Tag mit dem Bürgermeister in Mudfog Hall, Mudfog Hill, Mudfog zu speisen , erkannten sie sofort den Spaß an der Sache und schickten ihre Komplimente zurück: und sie würden bestimmt kommen.

Nun gab es sie in Mudfog , wie es sie auf die eine oder andere Weise auch gibt, in fast jeder Stadt in den britischen Herrschaftsgebieten und vielleicht auch in ausländischen Herrschaftsgebieten – wir halten es für sehr wahrscheinlich, können es aber, da wir kein großer Reisender sind , nicht genau sagen – Zufällig gab es in Mudfog einen gut gelaunten, gutmütigen, nichtsnutzigen Vagabunden mit einer unbesiegbaren Abneigung gegen Handarbeit und einer unüberwindlichen Vorliebe für starkes Bier und Spirituosen, den jeder kannte, und Niemand außer seiner Frau machte sich die Mühe, mit ihr zu streiten, die von seinen Vorfahren den Namen Edward Twigger geerbt hatte und sich über den *Beinamen* des Tümmler-Ned freute. Er war durchschnittlich einmal am Tag betrunken und nach einer ebenso fairen Berechnung einmal im Monat reuig; und wenn er reuig war, befand er sich stets im allerletzten Stadium der rührseligen Vergiftung. Er war ein zerlumpter, umherstreifender, brüllender Kerl mit einer stämmigen Gestalt, einem scharfen Verstand und einem klugen Kopf, und er konnte seine Hand zu allem wenden, wenn er es wollte. Aus Prinzip war er keineswegs gegen harte Arbeit , denn er arbeitete sich tageweise gemeinsam an einem Cricket-Match herum, rannte und fing, schlug und kegelte und genoss die Arbeit, die einen Galeerensklaven erschöpfen würde . Er wäre für eine Feuerwehr von unschätzbarem Wert gewesen; Noch nie hatte ein Mann eine so natürliche Vorliebe dafür, Motoren zu pumpen, Leitern hochzulaufen und Möbel aus zwei Treppenhausfenstern zu werfen; auch war dies nicht das einzige Element, in dem er sich zu Hause fühlte; Er war eine humane Gesellschaft für sich, eine tragbare Schleppe, ein animierter Rettungsring, und hatte zu seiner Zeit mehr Menschen vor dem Ertrinken gerettet als das Plymouth-Rettungsboot oder Kapitän Manbys Apparat. Trotz all dieser Qualifikationen und trotz seiner Ausschweifungen war der Tümmler Ned ein allgemeiner Favorit ; und die Behörden von Mudfog erinnerten sich an seine zahlreichen Verdienste um die Bevölkerung und erlaubten ihm im Gegenzug, sich auf seine eigene Weise zu betrinken, ohne Angst vor Aktien, Geldstrafen oder

Gefängnis haben zu müssen. Er hatte eine allgemeine Lizenz und zeigte, dass er das Kompliment spürte, indem er das Beste daraus machte.

Wir sind bei der Beschreibung des Charakters und der Hobbys von Bottlenosed Ned so ausführlich vorgegangen, weil wir dadurch eine Tatsache höflich ansprechen können, ohne sie dem Leser mit ungehöriger Hast an Kopf und Schultern ins Gesicht zu reißen. Außerdem kommen wir ganz natürlich zu der Erzählung, dass am selben Abend, an dem Mr. Nicholas Tulrumble und Familie nach Mudfog zurückkehrten, Mr. Tulrumbles neuer, gerade aus London importierter Sekretär mit blassem Gesicht und leichtem Backenbart seinen Kopf bis zum Saum seiner Krawatte durch die Tür zur Schankstube des Lighterman's Arms steckte, sich erkundigte, ob sich ein gewisser Ned Twigger darin vergnüge, und sich als Überbringer einer Nachricht von Nicholas Tulrumble, Esquire, anmeldete, der Mr. Twigger in privaten und besonderen Angelegenheiten zum sofortigen Erscheinen in der Halle aufforderte. Da es keineswegs in Mr. Twiggers Interesse lag, den Bürgermeister zu beleidigen, erhob er sich mit einem leichten Seufzer vom Kamin und folgte der Sekretärin mit dem hellen Schnurrbart ohne weitere Umschweife durch den Schmutz und die Nässe der Straßen von Mudfog bis hinauf zur Mudfog Hall.

Mr. Nicholas Tulrumble saß in einer kleinen Höhle mit Oberlicht, die er seine Bibliothek nannte, und entwarf auf einem großen Blatt Papier einen Plan der Prozession. Der Sekretär führte Ned Twigger in die Höhle.

„Na, Twigger!", sagte Nicholas Tulrumble herablassend.

Es gab eine Zeit, in der Twigger geantwortet hätte: „Na, Nick!", aber das war zu Zeiten des Lastwagens und ein paar Jahre vor dem Esel; also verbeugte er sich nur.

„Ich möchte, dass du mit dem Training beginnst, Twigger", sagte Mr. Tulrumble.

„Wozu, Sir?", fragte Ned mit starrem Blick.

„Psst, psst, Twigger!", sagte der Bürgermeister. „Schließen Sie die Tür, Mr. Jennings. Schauen Sie her, Twigger."

Während der Bürgermeister dies sagte, schloss er einen hohen Schrank auf und enthüllte eine komplette Messingrüstung von gigantischen Ausmaßen.

„Ich möchte, dass du das nächsten Montag trägst, Twigger", sagte der Bürgermeister.

„Gott segne Sie, Sir", antwortete Ned, „genauso gut könnten Sie mich bitten, eine 74-Pfünder-Waffe oder einen Gusseisenkessel zu tragen."

„Unsinn, Twigger, Unsinn!", sagte der Bürgermeister.

„Ich könnte nicht darunter stehen, Sir", sagte Twigger. „Wenn ich es versuchen würde, würde ich zu Kartoffelbrei werden."

„Pah, pah, Twigger!", erwiderte der Bürgermeister . „Ich sage Ihnen, ich habe es in London mit eigenen Augen gesehen, und der Mann war nicht einmal halb so gut wie Sie."

„Ich hätte ebenso gut daran gedacht, dass ein Mann das Gehäuse einer Acht-Tage-Uhr trägt, um seine Wäsche zu sparen", sagte Twigger und warf dem Messinganzug einen besorgten Blick zu.

„Es ist das Einfachste der Welt", erwiderte der Bürgermeister .

„Es ist nichts", sagte Mr. Jennings.

„Wenn man sich daran gewöhnt hat", fügte Ned hinzu.

„Das machen Sie nach und nach", sagte der Bürgermeister . „Sie würden morgen mit einem Stück beginnen und am nächsten Tag mit zweien und so weiter, bis Sie alles draufhaben. Mr. Jennings, geben Sie Twigger ein Glas Rum. Probieren Sie doch mal den Brustpanzer, Twigger. Bleiben Sie stehen; trinken Sie erst noch ein Glas Rum. Helfen Sie mir, ihn hochzuheben, Mr. Jennings. Bleiben Sie standhaft, Twigger! So! – er ist nicht halb so schwer, wie er aussieht, oder?"

Twigger war ein guter, starker, kräftiger Kerl; So gelang es ihm nach langem Taumeln, sich unter dem Brustharnisch zu halten, und mit Hilfe eines weiteren Glases Rum gelang es ihm sogar, darin herumzulaufen, und dazu noch die Handschuhe. Er machte einen Versuch mit dem Helm, war aber nicht so erfolgreich, da er sofort umkippte – ein Unfall, von dem Mr. Tulrumble eindeutig zeigte, dass er darauf zurückzuführen war, dass er kein Gegengewicht aus Messing an seinen Beinen hatte.

„Tragen Sie das am nächsten Montag mit Anstand und Anstand", sagte Tulrumble , „und ich werde Ihr Vermögen machen."

„Ich werde versuchen, was ich tun kann, Sir", sagte Twigger.

„Es muss ein tiefes Geheimnis bleiben", sagte Tulrumble .

„Natürlich, Sir", antwortete Twigger.

„Und du musst nüchtern sein", sagte Tulrumble ; „völlig nüchtern." Herr Twigger gelobte sofort feierlich, so nüchtern wie ein Richter zu sein, und Nicholas Tulrumble war zufrieden, obwohl wir, wenn wir Nicholas gewesen wären, sicherlich ein Versprechen spezifischerer Art hätten einfordern müssen; Da wir mehr als einmal abends an den Mudfog- Gerichtssitzungen teilgenommen haben, können wir feierlich bezeugen, dass wir Richter gesehen haben, die unter ihren Perücken sehr deutliche Anzeichen von Abendessen aufwiesen. Allerdings ist das weder hier noch da.

Am nächsten Tag, am Tag darauf und am Tag danach war Ned Twigger sicher in der kleinen Höhle mit dem Oberlicht eingesperrt und arbeitete eifrig an der Rüstung . Für jedes zusätzliche Stück, in dem er aufrecht stehen konnte, trank er ein zusätzliches Glas Rum; und schließlich, nach vielen teilweisen Erstickungsanfällen, schaffte er es, den ganzen Anzug anzuziehen und darin im Zimmer auf und ab zu taumeln, wie eine berauschte Puppe aus der Westminster Abbey.

Nie war ein Mann so entzückt wie Nicholas Tulrumble ; nie war eine Frau so bezaubert wie Nicholas Tulrumbles Frau. Das war ein Anblick für die einfachen Leute von Mudfog ! Ein lebendiger Mann in einer Messingrüstung ! Sie würden vor Staunen ausrasten!

Der Tag – *der* Montag – war gekommen.

Wenn der Morgen nach Maß gestaltet worden wäre, hätte er nicht besser an den Zweck angepasst werden können. Nie zuvor gab es in London am Tag des Lord Mayor einen besseren Nebel als den, der die Stadt Mudfog bei diesem ereignisreichen Anlass einhüllte. Er war mit dem ersten Morgenlicht langsam und sicher aus dem grünen und stehenden Wasser aufgestiegen, bis er etwas über die Spitzen der Laternenpfähle reichte; und dort blieb er stehen, mit einer schläfrigen, trägen Hartnäckigkeit, die der Sonne trotzte, die mit blutunterlaufenen Augen aufgestanden war, als wäre sie über Nacht auf einer Sauftour gewesen und verrichtete ihr Tageswerk mit der schlechtesten Anmut, die man sich vorstellen kann. Der dicke, feuchte Nebel hing wie ein riesiger Gazevorhang über der Stadt. Alles war düster und trostlos. Die Kirchtürme hatten der Welt unter ihnen vorübergehend Lebewohl gesagt; und alle weniger wichtigen Objekte – Häuser, Scheunen, Hecken, Bäume und Lastkähne – hatten den Schleier eingenommen.

Die Kirchturmuhr schlug eins. Ein krachendes Trompetensignal aus dem Vorgarten von Mudfog Hall erzeugte ein schwaches Geschrei, als ob ein Asthmatiker versehentlich hineingehustet hätte; das Tor flog auf und heraus kam ein Herr auf einem feucht-zuckerfarbenen Ross , das einen Herold darstellen sollte, aber viel mehr Ähnlichkeit mit einem Hofstaatsmann zu Pferd hatte. Dies war einer der Zirkusleute, die zu dieser Jahreszeit immer nach Mudfog kamen und die Nicholas Tulrumble eigens für diesen Anlass engagiert hatte. Da war das Pferd, das mit seinem Schweif herumwedelte, auf seinen Hinterbeinen balancierte und mit seinen Vorderfüßen herumfuchtelte, auf eine Art, die jeder vernünftigen Menschenmenge zu Herzen gegangen wäre. Aber eine Menschenmenge in Mudfog war nie vernünftig und wird es aller Wahrscheinlichkeit nach auch nie sein. Statt mit ihren Rufen den Nebel zu zerstreuen, wie sie es zweifellos hätten tun sollen und was auch die Absicht von Nicholas Tulrumble war , begannen sie, kaum dass sie den Herold erkannten, ihre uneingeschränkte Missbilligung darüber auszustoßen, dass er wie jeder andere reitet. Wäre er tatsächlich auf dem Kopf herausgekommen oder durch einen Reifen gesprungen oder durch eine glühende Trommel geflogen oder auch nur auf einem Bein gestanden und mit dem anderen Fuß im Mund gestanden, hätten sie ihm vielleicht etwas zu sagen gehabt; aber für einen Gentleman von Beruf war es ein zu guter Witz, rittlings im Sattel zu sitzen und die Füße in den Steigbügeln zu haben. Der Herold war also ein entschiedener Misserfolg und die Menge johlte lautstark, als er unrühmlich davontänzelte.

Auf der Prozession kam. Wir scheuen uns zu sagen, wie viele Statisten es gab, in gestreiften Hemden und schwarzen Samtmützen, um die Londoner Wassermänner nachzuahmen, oder wie viele einfache Nachahmungen von Lauflakaien, oder wie viele Banner, die aufgrund der Schwere der Atmosphäre ließen sich keineswegs dazu bewegen, ihre Inschriften anzubringen, und noch weniger fühlen wir uns geneigt, zu erzählen, wie die Männer, die Blasinstrumente spielten, mit musikalischer Inbrunst in den Himmel (wir meinen den Nebel) blickten , durch Wassertümpel gingen und Schlammhügel, bis sie die gepuderten Köpfe der oben erwähnten Lakaien mit Spritzern bedeckten, die seltsam, aber nicht dekorativ aussahen; oder wie der Leierkastenspieler das falsche Register anlegte und eine Melodie spielte, während die Band eine andere spielte; oder wie die Pferde, die an die Arena und nicht an die Straße gewöhnt sind, still stehen und tanzen würden, anstatt weiterzugehen und zu tänzeln; – all das sind Dinge, auf die man sich mit großem Nutzen konzentrieren könnte, die wir aber nicht haben ungeachtet der geringsten Absicht, weiter darauf einzugehen.

Oh! Es war ein großartiger und schöner Anblick, eine Gesellschaft in Glaskutschen, die ausschließlich auf Kosten und Verantwortung von Nicholas Tulrumble bereitgestellt worden waren, heranrollen zu sehen, wie ein Begräbnis aus einer Trauerfeier heraus, und zu beobachten, wie sich die Gesellschaft bemühte, großartig und feierlich auszusehen, als Nicholas Tulrumble selbst in der vierrädrigen Chaise mit dem großen Postillion hinter ihnen herrollte, mit Mr. Jennings auf der einen Seite, der wie ein Kaplan aussah, und einem Statisten auf der anderen, der den Säbel eines alten Leibgardisten trug, um den Schwertträger zu imitieren; und zu sehen, wie die Tränen über die Gesichter der Menge rollten, die vor Fröhlichkeit schrie. Das war wunderschön! und so war auch der Anblick von Mrs. Tulrumble und ihrem Sohn, als sie sich mit ernster Würde aus dem Kutschenfenster vor all den schmutzigen Gesichtern verneigten, die um sie herum lachten. Doch nicht einmal damit haben wir es zu tun, sondern mit dem plötzlichen Anhalten der Prozession durch einen weiteren Trompetenstoß, woraufhin tiefes Schweigen eintrat und sich aller Augen in zuversichtlicher Erwartung eines neuen Wunders auf Mudfog Hall richteten.

„Sie werden jetzt nicht lachen, Mr. Jennings", sagte Nicholas Tulrumble .

„Ich glaube nicht, Sir", sagte Mr. Jennings.

„Sehen Sie, wie eifrig sie aussehen", sagte Nicholas Tulrumble . 'Aha! das Lachen wird jetzt auf unserer Seite sein; eh, Mr. Jennings?'

„Daran besteht kein Zweifel, Sir", antwortete Mr. Jennings; und Nicholas Tulrumble stand in einem Zustand angenehmer Erregung in der vierrädrigen Kutsche auf und telegrafierte der Bürgermeisterin hinter ihm seine Befriedigung.

Während dies alles vor sich ging, war Ned Twigger in die Küche von Mudfog Hall hinabgestiegen, um den Dienern einen privaten Einblick in die Neugier zu gewähren, die über die Stadt hereinbrechen sollte; Und irgendwie war der Lakai so gesellig, das Hausmädchen so nett und der Koch so freundlich, dass er dem Angebot des Erstgenannten nicht widerstehen konnte, sich hinzusetzen und etwas zu sich zu nehmen – nur um den Erfolg zu trinken, um damit zurechtzukommen .

Also setzte sich Ned Twigger in seiner Messinglivree auf den Küchentisch, trank aus einem Krug mit einem starken Getränk, das der bewusstlose Nicholas Tulrumble bezahlt und der gesellige Diener gebracht hatte, auf den Erfolg des Bürgermeisters und seiner Prozession, und als Ned seinen Helm beiseite legte, um das starke Getränk zu trinken, setzte sich der gesellige Diener das Getränk selbst auf den Kopf, zur unermesslichen und unbeschreiblichen Freude der Köchin und des Hausmädchens. Der gesellige Diener machte Ned gegenüber sehr scherzhafte Bemerkungen, und Ned war abwechselnd sehr galant zur Köchin und zum Hausmädchen. Sie waren alle sehr behaglich und behaglich, und das starke Getränk machte zügig die Runde.

Schließlich wurde Ned Twigger lautstark von den Prozessionsleuten gerufen, und nachdem ihm der gesellige Diener, das freundliche Hausmädchen und die freundliche Köchin auf sehr komplizierte Weise seinen Helm aufsetzen ließen, ging er ernst hinaus und erschien vor der Menge.

Die Menge brüllte – weder vor Staunen noch vor Überraschung; es war ganz entschieden und zweifellos mit Gelächter.

'Was!' sagte Herr Tulrumble und fuhr in der vierrädrigen Kutsche los. 'Lachen? Wenn sie über einen Mann in echter Messingrüstung lachen , würden sie lachen, als ihre eigenen Väter starben. Warum geht er nicht zu seinem Platz, Mr. Jennings? Warum rollt er auf uns zu? er hat hier nichts zu suchen!'

„Ich fürchte, Sir …", stockte Mr. Jennings.

„Angst wovor, Sir?" sagte Nicholas Tulrumble und blickte in das Gesicht der Sekretärin.

„Ich fürchte, er ist betrunken, Sir", antwortete Mr. Jennings.

Nicholas Tulrumble warf einen Blick auf die außergewöhnliche Gestalt, die auf sie zukam; und dann ergriff er seinen Sekretär am Arm und stieß ein hörbares Stöhnen vor seelischer Qual aus.

Es ist eine traurige Tatsache, dass Mr. Twigger, der die volle Erlaubnis hatte , beim Anlegen jedes Rüstungsteils ein einziges Glas Rum zu verlangen , in der Eile und Verwirrung der Vorbereitungen auf die eine oder andere Weise etwas von seiner Berechnung abkam und etwa vier Gläser pro Stück trank, anstatt eines, ganz zu schweigen von dem starken Getränk, das oben drauf kam. Ob die Messingrüstung den natürlichen Schweißfluss bremste und so das Verdunsten des Alkohols verhinderte, können wir nicht mit wissenschaftlichen Mitteln beurteilen; aber was auch immer der Grund war, Mr. Twigger befand sich kaum vor dem Tor von Mudfog Hall, als er sich auch schon in einem sehr beträchtlichen Zustand der Trunkenheit befand; daher sein außergewöhnlicher Lebensstil. Das war schlimm genug, aber als ob Schicksal und Glück sich gegen Nicholas Tulrumble verschworen hätten , setzte sich Mr. Twigger, der seit einem guten Kalendermonat keine Reue gezeigt hatte, in den Kopf, ganz besonders und besonders sentimental zu sein, gerade als er seine Reue am bequemsten hätte vermeiden können. Unzählige Tränen rollten über seine Wangen und er versuchte vergeblich , seinen Kummer zu verbergen, indem er sich ein blaues, weiß gepunktetes Baumwolltaschentuch vor die Augen hielt – ein Gegenstand, der nicht ganz zu einer etwa 300 Jahre alten Rüstung passte .

„Twigger, du Schurke!", sagte Nicholas Tulrumble und vergaß dabei völlig seine Würde. „Geh zurück."

„Niemals", sagte Ned. „Ich bin ein elender Kerl. Ich werde dich nie verlassen."

Die Umstehenden nahmen diese Erklärung natürlich mit Beifall auf: „Das stimmt, Ned; tu das nicht!"

„Das habe ich nicht vor", sagte Ned mit der ganzen Hartnäckigkeit eines sehr angetrunkenen Mannes. „Ich bin sehr unglücklich. Ich bin der elende Vater einer unglücklichen Familie, aber ich bin sehr treu, Sir. Ich werde Sie nie verlassen." Nachdem er dieses verbindliche Versprechen wiederholt hatte, hielt Ned in gebrochenen Worten eine Ansprache an die Menge über die Anzahl der Jahre, die er in Mudfog gelebt hatte , die übermäßige Ehrwürdigkeit seines Charakters und andere Themen dieser Art.

„Hier! Kann ihn jemand abführen?", fragte Nicholas. „Wenn sie mich später besuchen, werde ich sie großzügig belohnen."

Zwei oder drei Männer traten vor, um Ned wegzutragen, als der Sekretär dazwischen ging.

„Passen Sie auf! Passen Sie auf!", sagte Mr. Jennings. „Ich bitte um Verzeihung, Sir, aber sie sollten ihm besser nicht zu nahe kommen, denn wenn er umfällt, wird er bestimmt jemanden überfahren."

Auf diesen Wink hin zog sich die Menge von allen Seiten in eine sehr respektvolle Entfernung zurück und ließ Ned, wie den Herzog von Devonshire, in seinem eigenen kleinen Kreis zurück.

„Aber, Mr. Jennings", sagte Nicholas Tulrumble , „er wird ersticken."

„Es tut mir sehr leid, Sir", antwortete Mr. Jennings, „aber niemand kann diese Rüstung ohne eigene Hilfe ausziehen. Ich bin mir dessen ganz sicher, wenn ich sehe, wie er sie angelegt hat."

Hier weinte Ned kläglich und schüttelte seinen behelmten Kopf auf eine Art, die ein Herz aus Stein hätte berühren können; die Menge jedoch hatte kein Herz aus Stein und lachte herzlich.

„Du meine Güte, Mr. Jennings", sagte Nicholas und wurde blass bei dem Gedanken, dass Ned in seinem altmodischen Kostüm ersticken könnte – „ Du meine Güte, Mr. Jennings, kann man denn gar nichts mit ihm machen?"

„Überhaupt nichts", antwortete Ned, „überhaupt nichts." Meine Herren, ich bin ein unglücklicher Kerl. Ich bin ein Leichnam, meine Herren, in einem Messingsarg.' Bei dieser poetischen Idee, die er selbst heraufbeschworen hatte, weinte Ned so sehr, dass die Leute Mitgefühl zeigten und fragten, was Nicholas Tulrumble meinte, wenn er einen Mann in eine solche Maschine steckte; und eine Person in einer haarigen Weste, die wie ein Kofferdeckel aussah und zuvor die Meinung geäußert hatte, dass Nicholas es nicht gewagt hätte, wenn Ned kein armer Mann gewesen wäre, deutete an, dass es angebracht sei, das Allrad kaputt zu machen Chaiselongue oder Nicholas' Kopf oder beides, wobei die letzte zusammengesetzte Aussage die Menge offenbar für eine sehr gute Idee hielt.

Es wurde jedoch nicht darauf reagiert, denn es war kaum angesprochen worden, als Ned Twiggers Frau plötzlich in dem kleinen Kreis auftauchte, den man bereits erwähnt hatte, und kaum hatte Ned einen Blick auf ihr Gesicht und ihre Gestalt erhascht, als er sich aus reiner Gewohnheit, so schnell ihn seine Beine trugen, nach Hause aufmachte; und das war in diesem Fall auch nicht sehr schnell, denn so bereit sie auch gewesen sein mochten, *ihn zu tragen, unter der* Messingrüstung konnten sie nicht sehr gut vorankommen . So hatte Mrs. Twigger reichlich Zeit, Nicholas Tulrumble ins Gesicht zu sagen, ihre Meinung darüber auszudrücken, dass er ein entschiedenes Monster war, und anzudeuten, dass sie, wenn ihr misshandelter Ehemann durch die Messingrüstung irgendeinen persönlichen Schaden erlitt , das Gesetz von Nicholas Tulrumble wegen Totschlags anwenden würde . Nachdem sie all dies mit der gebotenen Vehemenz gesagt hatte, marschierte sie hinter Ned her, der sich so gut er konnte vorwärts schleppte und sein Unglück in den düstersten Tönen beklagte.

Was für ein Jammern und Geschrei riefen Neds Kinder aus, als er endlich nach Hause kam! Frau Twigger versuchte, die Rüstung zuerst an einer Stelle und dann an einer anderen zu lösen, aber es gelang ihr nicht; Also warf sie Ned ins Bett, mit Helm, Rüstung , Handschuhen und allem. Was für ein Knarren das Bettgestell unter Neds Gewicht in seinem neuen Anzug machte! Es ist jedoch nicht kaputt gegangen; Und da lag Ned wie das anonyme Schiff im Golf von Biskaya bis zum nächsten Tag, trank Gerstenwasser und sah elend aus. Und jedes Mal, wenn er stöhnte, sagte seine gute Frau, es habe ihm recht getan, was der einzige Trost für Ned Twigger war bekommen.

Nicholas Tulrumble und der prächtige Festzug zogen gemeinsam zum Rathaus, unter dem Zischen und Stöhnen aller Zuschauer, die plötzlich auf die Idee gekommen waren, den armen Ned als Märtyrer zu betrachten.

Nicholas wurde offiziell in sein neues Amt eingeführt, und zu Ehren dieser Zeremonie hielt er selbst eine vom Sekretär verfasste Rede, die sehr lang und zweifellos sehr gut war; nur der Lärm der Menschen draußen verhinderte, dass sie jemand außer Nicholas Tulrumble selbst hören konnte. Danach kehrte der Festzug, wie auch immer, nach Mudfog Hall zurück , und Nicholas und die Gesellschaft setzten sich zum Abendessen.

Aber das Abendessen war flach und Nicholas war enttäuscht. Das waren so langweilige, schläfrige alte Kerle, diese Firma. Nicholas hielt genauso lange Reden wie der Oberbürgermeister von London, nein, er sagte genau die gleichen Dinge, die der Oberbürgermeister von London gesagt hatte, und die Gesellschaft schenkte ihm einen riesigen Jubel. Es gab nur einen Mann in der Gruppe, der völlig wach war; und er war unverschämt und nannte ihn Nick. Nick! Was wäre die Konsequenz, dachte Nicholas, wenn jemand den Oberbürgermeister von London „Nick" nennen würde? Er möchte wissen, was der Schwertträger dazu sagen würde; oder der Protokollführer oder der Toastmeister oder irgendein anderer der großen Beamten der Stadt. Sie würden ihn klauen.

Aber das waren nicht die schlimmsten Taten von Nicholas Tulrumble . Wären sie es gewesen, wäre er vielleicht bis zum heutigen Tag Bürgermeister geblieben und hätte geredet, bis ihm die Stimme verging. Er entwickelte eine Vorliebe für Statistiken und wurde philosophisch; und die Statistiken und die Philosophie zusammen führten ihn zu einer Tat, die seine Unbeliebtheit steigerte und seinen Untergang beschleunigte.

Ganz am Ende der Mudfog High-Street und direkt am Flussufer steht das Jolly Boatmen, ein altmodisches Haus mit niedrigem Dach und Erkerfenstern, in dem sich Bar, Küche und Schankraum befinden , und ein großer Kamin mit einem dazugehörigen Wasserkocher, um den sich die Arbeiter in einer Winternacht unaufhörlich versammelt haben, erfrischt von einem guten Starkbier und angefeuert von den Klängen einer Geige und eines Tamburins: die lustigen Schiffer Der Bürgermeister und die Stadtverwaltung haben ihm von jeher die ordnungsgemäße Genehmigung erteilt, die Geige zu kratzen und das Tamburin zu spielen, wovon die ältesten Bewohner in ihrer Erinnerung nichts Gegenteiliges berichten . Nun hatte Nicholas Tulrumble Broschüren über Kriminalität und Parlamentsberichte gelesen – oder hatte sie sich vom Sekretär vorlesen lassen, was im Grunde dasselbe ist –, und er erkannte sofort, dass diese Geige und dieses Tamburin mehr zur Demoralisierung beigetragen haben mussten Mudfog , als alle anderen Betriebsursachen, die sich der Einfallsreichtum vorstellen kann. Also informierte er sich über das Thema und beschloss, gleich beim nächsten Mal, wenn die Lizenz beantragt wurde , mit voller Wucht über das Unternehmen zu sprechen .

Der Tag der Lizenzerteilung kam, und der rotgesichtige Wirt der Jolly Boatmen betrat das Rathaus und sah so fröhlich aus, wie es sein musste, denn er hatte sich für diesen Abend tatsächlich eine zusätzliche Geige angezogen, um den Jahrestag der Musiklizenz der Jolly Boatmen zu feiern . Es wurde ordnungsgemäß beantragt und war gerade dabei, selbstverständlich bewilligt zu werden, als sich Nicholas Tulrumble erhob und die erstaunte Gesellschaft in einem Strom von Beredsamkeit ertränkte. Er sprach mit glühenden Worten über die zunehmende Verdorbenheit seiner Heimatstadt Mudfog und die von deren Bevölkerung begangenen Exzesse. Dann erzählte er, wie schockiert er gewesen sei, als er Woche für Woche Bierfässer in den Keller der Jolly Boatmen rutschen sah; und wie er zwei Tage lang zusammen an einem Fenster gegenüber den Jolly Boatmen gesessen hatte, um die Leute zu zählen, die allein zwischen zwölf und eins Uhr – was übrigens die Zeit war – auf ein Bier hereinkamen wo die große Mehrheit der Mudfog -Leute zu Abend aß. Dann führte er weiter aus, dass die Zahl der Menschen, die mit Bierkrügen herauskamen, im Durchschnitt einundzwanzig in fünf Minuten betrug, was, multipliziert mit zwölf, zweihundertzweiundfünfzig Menschen mit Bierkrügen in einem Jahr ergab Stunde, und nochmals multipliziert mit fünfzehn (die Anzahl der Stunden, in denen das Haus täglich geöffnet war) ergab dreitausendsiebenhundertachtzig Menschen mit Bierkrügen pro Tag oder sechsundzwanzigtausendvierhundertsechzig Menschen mit Bierkrügen, pro Woche. Dann zeigte er weiter, dass Tamburin und moralische Erniedrigung synonyme Begriffe seien und Geige und bösartige Neigungen völlig untrennbar miteinander verbunden seien. Alle diese Argumente untermauerte und demonstrierte er durch häufige Verweise auf ein großes Buch mit blauem Einband und verschiedene Zitate der Richter von Middlesex; und am Ende überließ die Korporation, die von den Figuren benommen und von der Rede schläfrig war und darüber hinaus leider kein Abendessen hatte, die Palme an Nicholas Tulrumble und verweigerte den Jolly Boatmen die Musiklizenz .

Doch obwohl Nicholas triumphierte, war sein Triumph nur von kurzer Dauer. Er führte den Krieg gegen Bierkrüge und Geigen fort und vergaß die Zeit, als er gerne aus den einen trank und zu den anderen tanzte, bis die Leute ihn hassten und seine alten Freunde ihn mieden. Er wurde der einsamen Pracht von Mudfog Hall überdrüssig und sein Herz sehnte sich nach dem Lighterman's Arms. Er wünschte, er hätte sich nie als Staatsmann etabliert und seufzte nach den guten alten Zeiten des Kohlenladens und der Kaminecke.

Schließlich fasste der alte Nicholas, der sich zutiefst unglücklich fühlte, allen Mut, zahlte dem Sekretär einen Vierteldollar im Voraus und schickte ihn mit der nächsten Kutsche nach London. Nachdem er diesen Schritt getan hatte, setzte er seinen Hut auf, steckte seinen Stolz in die Tasche und ging hinunter in das alte Zimmer im Lighterman's Arms. Es waren nur zwei der alten Burschen dort, und sie blickten Nicholas kalt an, als er ihm die Hand reichte.

„Werden Sie Rohre verlegen, Herr Tulrumble ?" sagte einer.

„Oder den Fortschritt der Kriminalität auf ‚Bacca' zurückführen?" knurrte ein anderer.

„Weder noch", antwortete Nicholas Tulrumble und schüttelte beiden die Hand, ob sie wollten oder nicht. „Ich bin hergekommen, um zu sagen, dass es mir sehr leid tut, dass ich mich lächerlich gemacht habe, und dass ich hoffe, dass Sie mir den alten Stuhl wieder überlassen."

Die alten Kerle öffneten ihre Augen, und drei oder vier weitere alte Kerle öffneten die Tür, denen auch Nikolaus mit Tränen in den Augen die Hand hinstreckte und die gleiche Geschichte erzählte. Sie stießen einen Freudenschrei aus, der die Glocken im alten Kirchturm wieder zum Vibrieren brachte, und sie rollten den alten Stuhl in die warme Ecke, stießen den alten Nikolaus hinein und bestellten die allergrößte Schüssel mit heißem Punsch. mit einer unbegrenzten Anzahl von Rohren, direkt.

Am nächsten Tag erhielten die Jolly Boatmen die Lizenz , und am nächsten Abend führten der alte Nicholas und Ned Twiggers Frau einen Tanz zur Musik der Geige und des Tamburins auf, deren Klang sich durch ein wenig Ruhe deutlich zu verbessern schien, denn sie taten es nie hatte schon vorher so fröhlich gespielt. Ned Twigger war auf dem Höhepunkt seines Ruhmes, und er tanzte Hornpfeifen und balancierte Stühle auf seinem Kinn und Strohhalme auf seiner Nase, bis die ganze Gesellschaft, einschließlich des Unternehmens, über die Brillanz seiner Fähigkeiten in Verzückung geriet.

Mr. Tulrumble , Junior, konnte sich nicht dazu entschließen, etwas anderes als großartig zu sein, also ging er nach London und zog Scheine auf seinen Vater; und als er zu viel gezogen hatte und Schulden machte, wurde er reuig und kam wieder nach Hause.

Was den alten Nicholas betrifft, so hielt er sein Wort und versuchte es nach sechs Wochen im öffentlichen Leben nie wieder. Er ging gleich bei der nächsten Versammlung im Rathaus schlafen und hat uns, um seine Aufrichtigkeit zu beweisen, gebeten, diesen getreuen Bericht zu schreiben. Wir wünschten, er könnte die Tulrumbles an eine andere Sphäre erinnern, dass aufgeblasene Eitelkeit keine Würde ist und dass sie, wenn sie über die kleinen Freuden, die sie einst gerne genossen, lästern, weil sie lieber die Zeiten vergessen möchten, als sie von niedrigerem Stand waren, zu Objekten der Verachtung und des Spotts werden.

Dies ist das erste Mal, dass wir unsere Erkenntnisse aus dieser speziellen
Quelle veröffentlichen. Vielleicht wagen wir es in der Zukunft, die Chroniken
von Mudfog zu öffnen .

VOLLSTÄNDIGER BERICHT ÜBER DAS ERSTE TREFFEN DER MUDFOGASSOCIATION
FOR THE ADVANCED OF EVERYTHING

WIR haben die beispiellosesten und außergewöhnlichsten Anstrengungen unternommen, um unseren Lesern einen vollständigen und genauen Bericht über die Vorgänge bei der letzten großen Versammlung der Mudfog Association in der Stadt Mudfog vorzulegen. Es ist uns eine große Freude, ihnen das Ergebnis in Form verschiedener Mitteilungen unseres fähigen, talentierten und anschaulichen Korrespondenten vorlegen zu können, der eigens zu diesem Zweck hierher geschickt wurde und uns, Mudfog und die Association gleichzeitig verewigt hat. Wir konnten tatsächlich seit einigen Tagen nicht feststellen, wer der Nachwelt den größten Namen hinterlassen wird: wir selbst, die unseren Korrespondenten dorthin geschickt haben; unser Korrespondent, der einen Bericht über die Angelegenheit verfasst hat; oder die Association, die unserem Korrespondenten etwas zum Schreiben gegeben hat. Wir neigen eher zu der Ansicht, dass wir der größte Mann der Partei sind, insofern die Vorstellung eines exklusiven und authentischen Berichts von uns stammt; dies kann Vorurteil sein: Es kann aus einer Voreingenommenheit unsererseits zu unseren eigenen Gunsten entstehen . Sei es so. Wir haben keinen Zweifel daran, dass jeder in dieser großen Versammlung beteiligte Herr in unterschiedlichem Ausmaß von derselben Beschwerde geplagt wird, und es ist für uns ein Trost zu wissen, dass wir zumindest dieses Gefühl mit den großen Stars der Wissenschaft gemeinsam haben, den brillanten und außergewöhnlichen Koryphäen, deren Spekulationen wir aufzeichnen.

Wir geben die Briefe unseres Korrespondenten in der Reihenfolge wieder, in der sie uns erreichten. Jeder Versuch, sie zu einem schönen Ganzen zusammenzufügen, würde nur den glühenden Ton, den Hauch von Wildheit und die reiche Ader malerischen Interesses zerstören, die sie durchdringen.

„ Schlammnebel , Montagnacht , sieben Uhr .“

„ WIR sind hier in großer Aufregung.“ Von nichts ist die Rede, außer von der bevorstehenden Sitzung des Vereins. Die Türen des Gasthauses sind voller Kellner, die ängstlich nach den erwarteten Ankömmlingen Ausschau halten. und die zahlreichen Geldscheine, die in den Fenstern von Privathäusern aufgehängt sind und andeuten, dass es dort Betten zum Mieten gibt, verleihen den Straßen ein sehr belebtes und fröhliches Aussehen, da die Scheine eine große Vielfalt an Farben haben und die Monotonie der gedruckten Inschriften Erleichterung durch jede mögliche Größe und jeden möglichen Stil der Handschrift. Es wird getrost gemunkelt , dass die Professoren Snore, Doze und Wheezy drei Betten und ein Wohnzimmer in der Schweine- und Zunderbüchse reserviert haben. Ich gebe Ihnen das Gerücht , wie es mich erreicht hat; Ich kann jedoch noch nicht für die Richtigkeit bürgen. Sobald es mir möglich ist, bestimmte Informationen zu diesem interessanten Punkt zu erhalten, können Sie sich darauf verlassen, dass Sie sie erhalten.'

' *Halb acht* .

Ich BIN gerade von einem persönlichen Interview mit dem Vermieter von Pig and Tinder-Box zurückgekehrt. Er spricht zuversichtlich von der Wahrscheinlichkeit, dass die Professoren Snore, Doze und Wheezy während der Sitzung des Vereins in seinem Haus wohnen werden, bestreitet jedoch, dass die Betten bereits bezogen wurden; In dieser Darstellung wird er von der Kammerzofe bestätigt – einem Mädchen von schlichtem Benehmen und interessantem Aussehen. The Boots bestreitet, dass es überhaupt wahrscheinlich ist, dass die Professoren Snore, Doze und Wheezy hier übernachten werden; Aber ich habe Grund zu der Annahme, dass dieser Mann vom Besitzer des Original Pig, dem Oppositionshotel, umworben wurde. Inmitten solch widersprüchlicher Aussagen ist es schwierig, zur wahren Wahrheit zu gelangen; Sie können sich jedoch darauf verlassen, dass Sie zu diesem Punkt authentische Informationen erhalten, sobald die Tatsache festgestellt ist. Die Aufregung hält weiterhin an. Vor etwa einer halben Stunde ist ein Junge durch das Fenster der Konditorei an der Ecke High-Street gefallen, was für große Verwirrung gesorgt hat. Der allgemeine Eindruck ist, dass es ein Unfall war. Bete zum Himmel, dass es so sein möge!'

" *Dienstag , Mittag* .

„ Heute Morgen schlugen die Glocken aller Kirchen FRÜH sieben Uhr, was angesichts der gegenwärtigen Hektik der Stadt eine ganz besondere Wirkung hatte. Während ich beim Frühstück saß, fuhr eine gelbe Kutsche, gezogen von einem dunkelgrauen Pferd mit einem weißen Fleck über dem rechten Augenlid, mit zügigem Tempo in Richtung der Original Pig-Ställe. Es wird gerade berichtet, dass dieser Herr hier eingetroffen ist, um an der Vereinigung teilzunehmen, und nach dem, was ich gehört habe, halte ich das für äußerst wahrscheinlich, obwohl noch nichts Entscheidendes über ihn bekannt ist. Sie können sich vorstellen, mit welcher Spannung wir alle der Ankunft der Vier-Uhr-Kutsche heute Nachmittag entgegensehen.

„Trotz der Aufregung der Bevölkerung kam es aufgrund der bewundernswerten Disziplin und Diskretion der Polizei, die nirgends zu sehen ist, bisher zu keinem Verbrechen.“ Gegenüber meinem Fenster spielt eine Drehorgel, und Gruppen von Menschen ziehen durch die Straßen und bieten Fisch und Gemüse zum Verkauf an. Mit diesen Ausnahmen ist alles ruhig, und ich vertraue darauf, dass dies auch weiterhin so bleiben wird.'

' *Fünf Uhr* .

„ ES steht nun zweifelsfrei fest, dass die Professoren Snore, Doze und Wheezy *nicht* ins Schwein und ins Feuerzeug gehen werden, sondern tatsächlich Wohnungen im Originalschwein gemietet haben. Diese Nachricht ist *exklusiv* und ich überlasse es Ihnen und Ihren Lesern, ihre eigenen Schlüsse daraus zu ziehen. Warum ausgerechnet Professor Wheezy ins Originalschwein und nicht ins Schwein und ins Feuerzeug gehen sollte, ist nicht leicht zu verstehen. Der Professor ist ein Mann, der über all diese kleinlichen Gefühle erhaben sein sollte. Einige Leute hier unterstellen den Professoren Snore und Doze offen Verrat und einen deutlichen Treuebruch, während andere geneigt sind, sie von jeglicher Schuld an der Transaktion freizusprechen und anzudeuten, dass die Schuld allein bei Professor Wheezy liege. Ich gestehe, dass ich zu letzterer Meinung neige; und obwohl es mir großen Schmerz bereitet, in tadelnder oder missbilligender Weise über einen Mann von solch überragendem Genie und solch herausragenden Kenntnissen zu sprechen, muss ich dennoch sagen, dass ich, selbst wenn mein Verdacht begründet ist und alle Berichte, die mir zu Ohren gekommen sind, der Wahrheit entsprechen, nicht recht weiß, was ich von der Sache halten soll.

'Herr. Slug, der für seine statistischen Forschungen so berühmt ist, traf heute Nachmittag um vier Uhr ein. Sein Teint ist dunkelviolett und er hat die Angewohnheit, ständig zu seufzen. Er sah sehr gut aus und schien bei bester Gesundheit und guter Laune zu sein. Mr. Woodensconce kam ebenfalls mit demselben Transportmittel herunter. Der angesehene Herr schlief bei seiner Ankunft tief und fest, und der Wachmann teilte mir mit, dass er die ganze Zeit so geschlafen hatte. Zweifellos bereitete er sich auf die bevorstehenden Strapazen vor; Aber was für gigantische Visionen müssen das sein, die einem solchen Menschen durch den Kopf gehen, wenn sein Körper in einem Zustand der Erstarrung ist!

„Der Zustrom von Besuchern nimmt mit jedem Augenblick zu. Man hat mir erzählt (ich weiß nicht, wie wahr das ist), dass innerhalb der letzten halben Stunde zwei Postkutschen beim Original Pig angekommen sind, und ich selbst habe vor nicht einmal fünf Minuten einen Schubkarren mit drei Reisetaschen und einem Bündel in den Hof des Pig and Tinder-box einfahren sehen. Die Leute gehen noch immer ruhig ihren alltäglichen Beschäftigungen nach; aber in ihren Augen liegt eine Wildheit und in den Muskeln ihrer Mienen eine ungewohnte Starrheit, die dem aufmerksamen Zuschauer zeigt, dass ihre Erwartungen bis zum Äußersten gespannt sind. Ich fürchte, wenn nicht heute Abend einige sehr außergewöhnliche Ankünfte stattfinden, könnten aus dieser Volksaufwallung, die jeder vernünftige und gefühlvolle Mensch beklagen würde, Konsequenzen erwachsen."

" *Zwanzig Minuten nach sechs* .

„Ich HABE gerade gehört, dass der Junge, der letzte Nacht durch das Fenster des Konditors gefallen ist, vor Schreck gestorben ist. Er wurde plötzlich aufgefordert, drei Schilling und sechs Pence für den entstandenen Schaden zu bezahlen, und seine Konstitution war anscheinend nicht stark genug, um den Schock zu ertragen. Die Untersuchung, so heißt es, soll morgen stattfinden."

„ *Dreiviertel Teil sieben* ."

„ DIE PROFESSOREN Muff und Nogo sind gerade vor die Hoteltür gefahren; Sie bestellten sofort mit großer Herablassung das Abendessen. Wir sind alle sehr erfreut über die Urbanität ihrer Manieren und die Leichtigkeit, mit der sie sich an die Formen und Zeremonien des gewöhnlichen Lebens anpassen. Unmittelbar nach ihrer Ankunft ließen sie den Oberkellner rufen und baten ihn vertraulich, einen lebenden Hund zu kaufen – so billig wie möglich – und ihn nach dem Abendessen mit einem Kuchenbrett, einem Messer usw. heraufzuschicken Gabel und einen sauberen Teller. Es wird vermutet, dass heute Abend einige Experimente mit dem Hund durchgeführt werden; Sollten sich Einzelheiten ergeben, werde ich diese per Express weiterleiten.'

' *Halb neun* .

„ DAS Tier wurde beschafft. Es ist ein Mops, der recht intelligent aussieht, in gutem Zustand ist und sehr kurze Beine hat. Er wurde in einem dunklen Raum an einen Vorhanghaken gebunden und heult fürchterlich."

" *Zehn Minuten vor neun* . "

„ DER Hund wurde gerade geläutet." Mit einem Instinkt, der fast das Ergebnis der Vernunft zu sein schien, packte das kluge Tier den Kellner an der Wade, als er sich ihm näherte, um ihn zu holen, und leistete einen verzweifelten, wenn auch erfolglosen Widerstand. Zu der von den wissenschaftlichen Herren bewohnten Wohnung konnte ich mir keinen Zutritt verschaffen; aber nach den Geräuschen zu urteilen, die meine Ohren erreichten, als ich gerade auf dem Treppenabsatz vor der Tür stand, würde ich geneigt sein zu sagen, dass der Hund sich knurrend unter irgendein Möbelstück zurückgezogen hatte und die Professoren auf Distanz hielt . Diese Vermutung wird durch die Aussage des Stallknechts bestätigt, der mir, nachdem er durch das Schlüsselloch geguckt hat, versichert, dass er deutlich Professor Nogo auf seinen Knien gesehen hat, wie er eine kleine Flasche Blausäure in der Hand hielt, zu der das Tier, das unter einer Flasche kauerte, reichte Sessel, weigerte sich hartnäckig zu riechen. Sie können sich nicht vorstellen, in welch fieberhaftem Zustand wir uns befinden, weil wir befürchten, dass die Interessen der Wissenschaft den Vorurteilen eines rohen Geschöpfs geopfert werden, das nicht über genügend Verstand verfügt, um die unkalkulierbaren Vorteile vorherzusehen, die die gesamte Menschheit daraus ziehen könnte leichtes Zugeständnis seinerseits.'

' *Neun Uhr* .

„ DER Schwanz und die Ohren des Hundes wurden zum Waschen nach unten geschickt; Aus diesem Umstand schließen wir, dass das Tier nicht mehr existiert. Seine Vorderbeine wurden zum Bürsten in die Stiefel gebracht, was die Vermutung bestärkt."

„ *Halb nach zehn* . "

„ MEINE Gefühle sind so überwältigt von dem, was sich im Laufe der letzten anderthalb Stunden zugetragen hat, dass ich kaum die Kraft habe, die rasche Abfolge der Ereignisse zu schildern, die alle, die von ihrem Vorkommnis wissen, völlig verwirrt haben. Es scheint, dass der Mops, von dem ich in meinem letzten Brief sprach, heimlich von einer Person aus der Stallabteilung einer unverheirateten Dame aus dieser Stadt beschafft – oder besser gesagt gestohlen – wurde. Als die Dame den Verlust ihres Lieblings entdeckte , stürzte sie außer sich auf die Straße und rief den Passanten auf herzzerreißendste und mitleiderregendste Weise zu, sie zurückzubringen, ihren Augustus – so wurde der Verstorbene genannt, in liebevoller Erinnerung an einen früheren Liebhaber seiner Herrin, mit dem er eine auffallende persönliche Ähnlichkeit hatte, was die Umstände noch ergreifender macht. Ich bin noch nicht in der Lage, Ihnen mitzuteilen, welcher Umstand die trauernde Dame dazu veranlasste, ihre Schritte zu dem Hotel zu lenken, das die letzten Kämpfe ihres *Schützlings miterlebt hatte* . Ich kann nur sagen, dass sie genau in dem Moment dort ankam, als seine abgetrennten Glieder auf einem kleinen Tablett durch den Gang kamen. Ihre Schreie hallen noch in meinen Ohren wider! Leider muss ich sagen, dass die ausdrucksstarken Gesichtszüge von Professor Muff von der verletzten Dame stark zerkratzt und zerfetzt wurden und dass Professor Nogo nicht nur mehrere schwere Bisse erlitten hat, sondern aus demselben Grund auch einige Büschel Haare verloren hat. Es muss für diese Herren ein gewisser Trost sein zu wissen, dass ihre leidenschaftliche Hingabe an wissenschaftliche Bestrebungen allein diese unangenehmen Folgen verursacht hat; für die sie das Mitgefühl eines dankbaren Landes ausreichend entlohnen wird. Die unglückliche Dame bleibt im Pig and Tinder-box und soll sich bis jetzt in einem sehr bedenklichen Zustand befinden.

„Ich muss Ihnen wohl nicht sagen, dass diese unerwartete Katastrophe einen Dämpfer und eine Düsternis über uns gebracht hat, mitten in unserer Hochstimmung. Das ist natürlich, wurde aber noch verstärkt durch die liebenswürdigen Eigenschaften des verstorbenen Tieres, das von allen seinen Bekannten offenbar großen und verdienten Respekt genoss."

„ Zwölf Uhr . “

„Ich NUTZE die letzte Gelegenheit, bevor ich mein Paket verschließe, um Ihnen mitzuteilen, dass der Junge, der durch das Fenster des Konditors fiel, nicht tot ist, wie allgemein angenommen wurde, sondern lebendig und gesund. Der Bericht scheint auf sein mysteriöses Verschwinden zurückzuführen zu sein. Er wurde vor einer halben Stunde auf dem Gelände eines Süßwarenherstellers gefunden, wo eine Tombola für eine gebrauchte Robbenfellmütze und ein Tamburin angekündigt worden war; und wo er geduldig darauf gewartet hatte, bis die Liste vervollständigt war, da zunächst keine ausreichende Anzahl von Mitgliedern gefunden worden war. Diese glückliche Entdeckung hat unsere Fröhlichkeit und Fröhlichkeit einigermaßen wiederhergestellt. Es wird vorgeschlagen, unverzüglich ein Abonnement für ihn abzuschließen.

„Alle sind nervös und gespannt, was der morgige Tag bringen wird. Falls im Laufe der Nacht jemand eintreffen sollte, habe ich strikte Anweisungen hinterlassen, sofort gerufen zu werden. Ich hätte tatsächlich aufbleiben sollen, aber die aufregenden Ereignisse dieses Tages waren zu viel für mich.

„Noch keine Neuigkeiten von den Professoren Snore, Doze oder Wheezy. Das ist sehr seltsam!“

' *Mittwoch Nachmittag* .

„ Jetzt ist ALLES vorbei; und zumindest in einem Punkt gelingt es mir endlich, die Gedanken Ihrer Leser zu beruhigen. Die drei Professoren trafen zehn Minuten nach zwei Uhr ein und fuhren direkt zum Pig and Tinder, anstatt ihr Quartier im Original Pig zu beziehen, wie es im Laufe des gestrigen Tages mit Sicherheit der Fall gewesen wäre -Box, wo sie sofort die Maske abwarfen und offen ihre Absicht bekannt gaben, zu bleiben. Professor Wheezy mag dieses außerordentliche Verhalten mit *seinen* Vorstellungen von fairem und gerechtem Handeln in Einklang bringen, aber ich würde Professor Wheezy empfehlen, vorsichtig zu sein, wenn er seinen wohlverdienten Ruf zu sehr anmaßt. Wie ein Mann wie Professor Snore oder, was noch außergewöhnlicher ist, ein Mensch wie Professor Doze es stillschweigend zulassen kann, in solche Vorgänge verwickelt zu werden, werden Sie sich natürlich fragen. Darüber schweigt das Gerücht ; Ich habe meine Spekulationen, aber unterlasse es jetzt, sie zu äußern.'

' *Vier Uhr* .

„ DIE Stadt füllt sich schnell; Achtzehn Pence wurden für ein Bett angeboten und abgelehnt. Mehrere Herren mussten letzte Nacht auf den Ziegelfeldern und auf den Türstufen schlafen, weshalb sie heute Morgen gemeinsam vor die Richter geführt und für verschiedene Zeiträume als Landstreicher ins Gefängnis gesteckt wurden. Eine dieser Personen ist meines Erachtens ein hochangesehener Kesselflicker mit großer praktischer Begabung, der dem Präsidenten der Sektion D, Mechanical Science, ein Papier über die Konstruktion von Pipkins mit Kupferböden und Sicherheitswerten übermittelt hatte, von dem berichtet wird spricht hoch. Die Inhaftierung dieses Herrn ist sehr bedauerlich, da seine Abwesenheit jede Diskussion zu diesem Thema ausschließen wird.

„Die Rechnungen werden überall hingestellt und Unterkünfte werden zu fast allen Bedingungen gesichert. Ich habe von fünfzehn Schilling pro Woche für zwei Zimmer gehört, ohne Kohlen und Bedienung, aber ich kann es kaum glauben. Die Aufregung ist furchtbar. Ich wurde heute Morgen informiert, dass die Zivilbehörden, die einen Ausbruch der Volksstimmung befürchteten, einen Rekrutierungssergeanten und zwei Korporale unter Waffen gestellt hatten; und dass sie, um die Menschen nicht unnötig durch ihre Anwesenheit zu verärgern, aufgefordert worden waren, ihre Position vor Tagesanbruch an einer Mautstraße einzunehmen, die etwa eine Viertelmeile von der Stadt entfernt liegt. Die Kraft und Schnelligkeit dieser Maßnahmen kann nicht hoch genug gelobt werden.

„Mir wurde gerade mitgeteilt, dass eine betrunkene ältere Frau auf offener Straße ihre Absicht erklärt hat, für Mr. Slug zu „tun". Einige von diesem Herrn zusammengestellte statistische Angaben zum Konsum roher Spirituosen an diesem Ort sollen die Ursache für die Feindseligkeit des Unglücklichen sein. Es wird hinzugefügt, dass diese Erklärung von einer Menschenmenge, die sich vor Ort versammelt hatte, lautstark bejubelt wurde; und dieser eine Mann hatte die Kühnheit, Mr. Slug laut mit dem schmählichen Beinamen „Steckling im Schlamm!" zu bezeichnen. Es ist ernsthaft zu hoffen, dass die Richter jetzt, da der Moment für ihr Eingreifen gekommen ist, nicht davor zurückschrecken werden, die Macht auszuüben, die ihnen durch die Verfassung unseres gemeinsamen Landes verliehen wird."

' *Halb elf*.

„ Ich freue mich, Ihnen mitteilen zu können, dass DIE Störung vollständig unterdrückt und der Rädelsführer in Gewahrsam genommen wurde." Bevor sie eingesperrt wurde, wurde ihr ein Eimer mit kaltem Wasser übergossen, und sie drückt große Reue und Unbehagen aus. Wir sind alle fieberhaft vor Vorfreude auf den morgigen Tag; aber jetzt, da wir nur noch wenige Stunden von der Versammlung des Vereins entfernt sind und uns endlich des stolzen Bewusstseins erfreuen können, seine berühmten Mitglieder unter uns zu haben, vertraue ich darauf und hoffe, dass alles friedlich verlaufen wird. Ich werde Ihnen mit der Nachtkutsche einen vollständigen Bericht über die morgigen Vorgänge schicken.'

' *Elf Uhr*.

„Ich ÖFFNE meinen Brief und sage, dass seit dem Zusammenfalten überhaupt nichts passiert ist."

' *Donnerstag* .

„ DIE Sonne ging heute Morgen zur gewohnten Stunde auf. Ich habe nichts Besonderes am Anblick des herrlichen Planeten beobachtet, außer dass er mir (es könnte eine Täuschung meiner gesteigerten Fantasie gewesen sein) so vorkam, als würde er mit mehr als gewöhnlichem Glanz strahlen und der Stadt einen strahlenden Glanz verleihen. wie ich es noch nie zuvor beobachtet hatte. Dies ist umso außergewöhnlicher, als der Himmel völlig wolkenlos und die Atmosphäre besonders schön war. Um halb neun Uhr versammelte sich der Gesamtausschuss unter dem Vorsitz des letztjährigen Präsidenten. Der Bericht des Rates wurde verlesen; und eine Passage, in der es heißt, dass der Rat mit nicht weniger als dreitausendfünfhunderteinundsiebzig Personen (die alle ihr Porto selbst bezahlten) zu nicht weniger als siebentausendzweihundertdreiundvierzig Themen korrespondiert habe, war mit einem Maß an Begeisterung aufgenommen, das keine Anstrengung unterdrücken konnte. Nachdem die verschiedenen Ausschüsse und Sektionen ernannt und die formelleren Geschäfte erledigt worden waren, begann der große Ablauf der Versammlung pünktlich um elf Uhr. Ich hatte das Glück, zu dieser Zeit eine äußerst würdige Position innezuhaben

„ ABSCHNITT A. – ZOOLOGIE UND BOTANIK ."

Tolles Zimmer, Schwein und Feuerzeug.

Präsident – Professor Snore. *Vizepräsidenten* – Professoren Doze und Wheezy.

„Die Szene war in diesem Moment besonders eindrucksvoll. Die Sonne schien durch die Fenster der Gemächer und färbte die ganze Szene mit ihren hellen Strahlen, wodurch die edlen Gesichter der Professoren und Wissenschaftler in starkem Relief hervortraten, die, einige mit Glatzköpfen, einige mit roten Haaren, einige mit braunen Haaren, einige mit grauen Haaren, einige mit schwarzen Haaren, einige mit dicken Köpfen, einen Coup *d' œil boten* , den kein Augenzeuge so schnell vergessen wird. Vor diesen Herren lagen Papiere und Tintenfässer; und rund um den Raum, auf erhöhten Bänken, die sich so weit erstreckten, wie die Gestalten reichten, versammelte sich eine strahlende Schar jener lieblichen und eleganten Frauen, für die Mudfog zu Recht als weltweit konkurrenzlos gilt. Den Kontrast zwischen ihren hellen Gesichtern und den dunklen Mänteln und Hosen der Wissenschaftler werde ich nie aufhören, mich daran zu erinnern, solange ich noch im Gedächtnis bin.

„Nachdem die leichte Verwirrung, die durch den Einsturz des größten Teils der Plattformen verursacht wurde, sich gelegt hatte, forderte der Präsident einen der Sekretäre auf, eine Mitteilung mit dem Titel „Einige Bemerkungen zu den fleißigen Flöhen mit Überlegungen" vorzulesen über die Bedeutung der Einrichtung von Kinderschulen in dieser zahlreichen Gesellschaftsschicht; ihre Industrie auf nützliche und praktische Zwecke auszurichten; und die überschüssigen Früchte daraus zu verwenden, um ihnen im Alter einen angenehmen und respektablen Lebensunterhalt zu ermöglichen."

„Der Autor gab an, dass er, nachdem er sich seit langem mit dem moralischen und sozialen Zustand dieser interessanten Tiere beschäftigt hatte, veranlasst worden sei, eine Ausstellung in der Regent Street in London zu besuchen, die allgemein unter dem Titel „The Industrious Fleas" bekannt ist. Er hatte dort viele Flöhe gesehen, die sicherlich mit verschiedenen Beschäftigungen und Beschäftigungen beschäftigt waren, aber, wie er zwangsläufig hinzufügen musste, auf eine Weise beschäftigt waren, die kein Mensch mit wohlbeherrschtem Geist umhin konnte, mit Kummer und Bedauern zu betrachten. Ein Floh, auf das Niveau eines Lasttieres herabgestuft, zog um eine Miniaturkiste herum, die ein besonders kleines Bildnis Seiner Gnaden, des Herzogs von Wellington, enthielt; während ein anderer unter der Last eines goldenen Modells seines großen Gegners Napoleon Bonaparte taumelte. Einige, die als Bergsteiger und Balletttänzer erzogen worden waren, führten einen Figurentanz auf (er musste mit Bedauern feststellen, dass von den so eingesetzten Flöhen mehrere Weibchen waren); andere trainierten in einer kleinen Pappschachtel für Fußgänger – bloße Sportfiguren – und zwei waren tatsächlich mit der kaltblütigen und barbarischen Beschäftigung des Duellierens beschäftigt ; eine Verfolgung, vor der die Menschheit mit Entsetzen und Abscheu zurückschreckte. Er schlug vor, dass sofort Maßnahmen ergriffen werden sollten, um die Arbeit dieser Flöhe als Teil der Produktivkraft des Landes zu nutzen, was leicht durch die Einrichtung von Kinderschulen und Industriehäusern unter ihnen erreicht werden könnte, in denen ein System von Es sollte eine tugendhafte, auf gesunden Grundsätzen basierende Erziehung eingehalten und moralische Grundsätze strikt eingeprägt werden. Er schlug vor, dass jeder Floh, der sich anmaßt, gegen Bezahlung Musik, Tanz oder irgendeine Art von Theaterunterhaltung ohne Lizenz aufzuführen, als Vagabund betrachtet und entsprechend behandelt werden sollte; In dieser Hinsicht stellte er ihn lediglich auf eine Stufe mit dem Rest der Menschheit. Er würde außerdem vorschlagen, dass ihre Arbeit der Kontrolle und Regulierung des Staates unterstellt werden sollte, der neben den Gewinnen einen Fonds für die Unterstützung von überalterten oder behinderten Flöhen, ihren Witwen und Waisen bereitstellen sollte. Mit dieser Ansicht schlug er vor, großzügige Prämien für die drei besten Entwürfe für ein allgemeines Armenhaus anzubieten; Da sich die Insektenarchitektur bekanntermaßen in einem sehr fortgeschrittenen und perfekten Zustand befand, könnten wir daraus möglicherweise viele wertvolle Hinweise für die Verbesserung unserer städtischen Universitäten, Nationalgalerien und anderer öffentlicher Gebäude ableiten.

„ DER PRÄSIDENT wollte darüber informiert werden, wie der einfallsreiche Herr zunächst eine Kommunikation mit Flöhen im Allgemeinen beginnen wollte, damit sie ein klares Gefühl dafür entwickeln könnten, welche Vorteile sie zwangsläufig daraus ziehen, ihre Lebensweise zu ändern und sich ehrlicher Arbeit zu widmen . Dies schien ihm die einzige Schwierigkeit zu sein.

' DER AUTOR brachte vor, dass diese Schwierigkeit leicht zu überwinden sei, oder vielmehr, dass es in diesem Fall überhaupt keine Schwierigkeiten gebe. Wenn die Regierung Ihrer Majestät dazu überredet werden könnte, den Plan anzunehmen, wäre es offensichtlich , dass der einzuschlagende Weg darin bestehen würde, die Person, von der er anspielte, dass sie in dieser Zeit die Ausstellung in der Regent Street leitete, gegen ein lukratives Gehalt zu sichern sein Besuch. Dieser Herr würde sofort in der Lage sein, mit der Masse der Flöhe in Kontakt zu treten und sie nach einem allgemeinen Erziehungsplan zu unterrichten, der vom Parlament genehmigt werden müsste, bis die intelligenteren unter ihnen weit genug fortgeschritten wären als Lehrer für den Rest zu fungieren.

„Der Präsident und mehrere Mitglieder der Sektion haben dem Autor des zuletzt verlesenen Papiers für seine äußerst geniale und wichtige Abhandlung großes Lob gezollt. Es wurde beschlossen, das Thema dem Rat zur sofortigen Prüfung vorzuschlagen.

„ MR. WIGBY holte einen Blumenkohl hervor, der etwas größer als ein Chaiselongue war und der nur durch die einfache Anwendung von stark kohlensäurehaltigem Sodawasser als Mist gezüchtet worden war. Er erklärte, dass durch das Herausnehmen des Kopfes, der den Armen eine neue und köstliche Art von Nahrung bieten würde, sofort ein Fallschirm erhalten wurde , der im Prinzip dem von M. Garnerin konstruierten ähnelte; Der Stiel bleibt natürlich nach unten gerichtet. Er fügte hinzu, dass er durchaus bereit sei, aus einer Höhe von mindestens dreieinhalb Meilen abzusteigen; und hatte das Gleiche tatsächlich bereits den Besitzern von Vauxhall Gardens vorgeschlagen, die auf die hübscheste Weise sofort seinen Wünschen zustimmten und einen frühen Tag im nächsten Sommer für das Unternehmen festlegten; Es wurde lediglich festgelegt, dass der Rand des Blumenkohls vorher an drei oder vier Stellen gebrochen werden sollte, um die Sicherheit des Abstiegs zu gewährleisten.

„ DER PRÄSIDENT gratulierte der Öffentlichkeit zu der *großen Gala* , die ihnen bevorstand, und lobte die Besitzer der erwähnten Einrichtung herzlich für ihre Liebe zur Wissenschaft und ihren Respekt für die Sicherheit des menschlichen Lebens, die ihnen beide die höchste Ehre erwiesen .

„Ein Abgeordneter wollte wissen, mit wie vielen tausend zusätzlichen Lampen das königliche Anwesen in der Nacht nach dem Abstieg beleuchtet werden würde."

„ HERR PERÜCKENBY antwortete, dass der Punkt noch nicht endgültig entschieden sei; aber er glaubte, dass vorgeschlagen wurde, über die gewöhnlichen Beleuchtungen hinaus in verschiedenen Vorrichtungen achteinhalb Millionen zusätzliche Lampen auszustellen .

„Das Mitglied drückte seine große Freude über diese Ankündigung aus.

' MR. BLUNDERUM erfreute die Sektion mit einem höchst interessanten und wertvollen Vortrag „über die letzten Augenblicke des gelehrten Schweins", der einen sehr starken Eindruck auf die Versammlung machte, da der Bericht aus den persönlichen Erinnerungen seines Lieblingsdieners zusammengestellt wurde . Der Bericht stellte in den nachdrücklichsten Worten fest, dass das Tier nicht Toby, sondern Solomon hieß, und bewies deutlich, dass es keine nahen Verwandten in diesem Beruf haben konnte, wie viele hinterhältige Personen fälschlicherweise behauptet hatten, da sein Vater, seine Mutter, seine Brüder und Schwestern alle zu verschiedenen Zeiten dem Metzger zum Opfer gefallen waren. Ein Onkel von ihm war tatsächlich mit sehr großer Mühe in einem Schweinestall in Somers Town aufgespürt worden ; da er sich jedoch zu dieser Zeit in einem sehr schwachen Zustand befand, an Masern erkrankt war und kurz darauf verschwand, schien es zu viel Grund zu geben, anzunehmen, dass er in Würste verwandelt worden war. Die Krankheit des gelehrten Schweins war ursprünglich eine schwere Erkältung, die durch übermäßige Fresserei noch verschlimmert wurde, sich schließlich auf die Lunge ausbreitete und zu einem allgemeinen Verfall der Konstitution führte. Ein trauriges Beispiel einer Vorahnung des Tieres von seinem nahenden Tod wurde aufgezeichnet. Nachdem er eine zahlreiche und vornehme Gesellschaft mit seinen Darbietungen erfreut hatte, bei denen keinerlei sichtbarer Leistungsabfall zu erkennen war, richtete er seine Augen auf den Biographen, wandte sich der Uhr zu, die auf dem Boden lag und auf der er die Stunde anzuzeigen pflegte, und fuhr mit seiner Schnauze absichtlich zweimal um das Zifferblatt. Genau vierundzwanzig Stunden nach diesem Zeitpunkt hatte er aufgehört zu existieren!

„ PROFESSOR WHEEZY erkundigte sich, ob das Tier vor seinem Tod durch Zeichen oder auf andere Weise Wünsche bezüglich der Verwendung seines wenigen Besitzes geäußert habe.

' MR. BLUNDERUM antwortete, dass das Tier, als der Biograph am Ende der Vorstellung das Kartenspiel aufnahm, mehrere Male bedeutungsvoll grunzte und mit dem Kopf nickte, wie es es gewohnt war, wenn es zufrieden war. Aus diesen Gesten war zu schließen, dass es wollte, dass der Wärter die Karten behielt, was es seitdem immer getan hatte. Er hatte keinen Wunsch bezüglich seiner Uhr geäußert, die dementsprechend von derselben Person verpfändet worden war.

„ DER PRÄSIDENT wollte wissen, ob irgendein Mitglied der Sektion die Dame mit dem Schweinsgesicht, die angeblich eine schwarze Samtmaske trug und ihre Mahlzeiten aus einem goldenen Trog einnahm, jemals gesehen oder mit ihr gesprochen habe.

„Nach einigem Zögern antwortete ein Mitglied , dass die Dame mit dem Schweinsgesicht seine Schwiegermutter sei und dass er darauf vertraue, dass der Präsident die Heiligkeit des Privatlebens nicht verletzen würde.

„ DER PRÄSIDENT bat um Entschuldigung. Er hatte die Dame mit dem Schweinsgesicht als eine Persönlichkeit des öffentlichen Lebens betrachtet. Hätte das ehrenwerte Mitglied im Hinblick auf den Fortschritt der Wissenschaft Einwände dagegen, anzugeben, ob sie in irgendeiner Weise mit dem gelehrten Schwein verwandt war?

„Das Mitglied antwortete im gleichen leisen Ton, dass er die Frage nicht beantworten dürfe, da sie offenbar den Verdacht aufkommen lasse, dass es sich bei dem gelehrten Schwein um seinen Halbbruder handeln könnte.

„ ABSCHNITT B. – ANATOMIE UND MEDIZIN .“

Kutschenhaus, Schwein und Feuerzeug.

Präsident – Dr. Toorell . *Vizepräsidenten* – Professor Muff und Professor Nogo

.

„ DR. KUTANKUMAGEN (aus Moskau) las der Gruppe einen Bericht über einen Fall vor, der sich in seiner eigenen Praxis ereignet hatte und der die Kraft der Medizin eindrucksvoll veranschaulichte, wie er in seiner erfolgreichen Behandlung einer ansteckenden Krankheit zum Ausdruck kam. Er war am 1. April 1837 zum Besuch des Patienten gerufen worden. Er litt damals unter Symptomen, die für jeden Mediziner besonders alarmierend waren. Sein Körper war kräftig und muskulös, sein Schritt fest und elastisch, seine Wangen prall und rot, seine Stimme laut, sein Appetit gut, sein Puls voll und rund. Er pflegte ständig, drei Mahlzeiten *pro Tag zu sich zu nehmen* und im Laufe der vierundzwanzig Stunden mindestens eine Flasche Wein und ein Glas mit Wasser verdünnten Spirituosen zu trinken. Er lachte ständig und so herzlich, dass es schrecklich war, ihn zu hören. Durch wirksame Medikamente, reduzierte Ernährung und Blutungen ließen die Symptome im Laufe von drei Tagen spürbar nach. Eine starre Beharrlichkeit der gleichen Behandlungsmethode für nur eine Woche, begleitet von kleinen Dosen

Wasserschleim, schwacher Brühe und Gerstenwasser, führte zu ihrem völligen Verschwinden. Im Laufe eines Monats erholte er sich so weit, dass er von zwei Krankenschwestern die Treppe hinuntergetragen werden konnte und in einem engen, auf weiche Kissen gestützten Wagen gelüftet werden konnte. Im Augenblick war er wieder so weit, dass er mit der leichten Hilfe einer Krücke und eines Jungen herumlaufen konnte. Für die Abteilung wäre es vielleicht erfreulich zu erfahren, dass er wenig aß, wenig trank, wenig schlief und dass man ihn aus irgendeinem Grund nie lachen hörte.

„ DR. WR FEE gratulierte dem ehrenwerten Mitglied zu seiner triumphalen Heilung und wollte dabei fragen, ob der Patient noch immer stark blutete.

' DR. KUTANKUMAGEN bejahte dies.

„ DR. WR FEE . – Und Sie haben festgestellt, dass er während der gesamten Dauer der Erkrankung stark blutete?

„ DR. KUTANKUMAGEN . – Oh je, ja, ganz freimütig.

„ DR. NEESHAWTS vermutete, dass eine so außergewöhnliche Heilung tatsächlich nie hätte erreicht werden können, wenn der Patient sich nicht mit großer Bereitschaft und Ausdauer der Aderlass unterzogen hätte." Dr. Kutankumagen erwiderte: „Ganz bestimmt nicht."

„ MR. KNIGHT BELL (MRCS) zeigte ein Wachspräparat des Inneren eines Herrn, der in jungen Jahren versehentlich einen Haustürschlüssel verschluckt hatte. Es war eine merkwürdige Tatsache, dass ein Medizinstudent mit ausschweifenden Gewohnheiten, der bei der Obduktion anwesend war , einen Weg fand, unbemerkt aus dem Zimmer zu entkommen, und zwar mit dem Teil der Magenschleimhaut, auf dem ein genaues Modell des Instruments deutlich zu erkennen war. Er eilte damit zu einem Schlosser zweifelhaften Rufs, der nach dem ihm gezeigten Muster einen neuen Schlüssel anfertigte. Mit diesem Schlüssel betrat der Medizinstudent das Haus des verstorbenen Herrn und beging einen Einbruch in großer Höhe, für den er später vor Gericht gestellt und hingerichtet wurde.

„ DER PRÄSIDENT wollte wissen, was im Laufe der Jahre aus dem Originalschlüssel geworden sei. Mr. Knight Bell antwortete, dass der Herr schon immer sehr daran gewöhnt gewesen sei, zu schlagen, und man nehme an, dass die Säure ihn nach und nach verschlungen habe.

' DR. NEESHAWTS und mehrere Mitglieder waren der Meinung, dass der Schlüssel sehr kalt und schwer auf dem Magen des Herrn gelegen haben musste.

' MR. KNIGHT BELL glaubte zunächst daran. Bemerkenswert ist vielleicht, dass der Herr einige Jahre lang von einem Albtraum geplagt wurde, unter dessen Einfluss er sich immer wieder vorstellte, die Tür eines Weinkellers zu sein.

„ PROFESSOR MUFF lieferte einen sehr außergewöhnlichen und überzeugenden Beweis für die wunderbare Wirksamkeit des Systems der verschwindend kleinen Dosen, von dem die Sektion zweifellos wusste , dass es auf der Theorie beruhte, dass die kleinste Menge eines bestimmten Arzneimittels, richtig im menschlichen Körper verteilt, dies tun würde." genau das gleiche Ergebnis erzielen wie eine sehr große Dosis, die auf übliche Weise verabreicht wird. So sollte der vierzigste Teil eines Kalomelkorns einer Kalomelpille mit fünf Körnern entsprechen, und so weiter in der gesamten Medizin. Er hatte das Experiment auf merkwürdige Weise an einem Gastwirt versucht, der mit einem gebrochenen Kopf ins Krankenhaus gebracht worden war und in der unglaublich kurzen Zeit von drei Monaten mit dem Infinitesimalsystem geheilt worden war. Dieser Mann war ein starker Trinker. Er (Professor Muff) hatte drei Tropfen Rum in einen Eimer Wasser gestreut und den Mann gebeten, das Ganze zu trinken. Was war das Ergebnis? Bevor er einen Liter getrunken hatte, befand er sich in einem Zustand bestialischer Trunkenheit; und fünf weitere Männer wurden mit dem Rest tot betrunken.

„ DER PRÄSIDENT wollte wissen, ob eine winzige Dosis Sodawasser sie wieder gesund gemacht hätte. Professor Muff antwortete, dass ein fünfundzwanzigstel Teelöffel, richtig verabreicht, jeden Patienten sofort nüchtern gemacht hätte. Der Präsident bemerkte, dass dies eine äußerst wichtige Entdeckung sei und er hoffe, dass der Oberbürgermeister und das Stadtgericht sie sofort unterstützen würden.

„Ein Mitglied bat um Auskunft darüber, ob es möglich wäre, beispielsweise allen erwachsenen Armen den zwanzigsten Teil eines Korns Brot und Käse und den vierzigsten Teil den Kindern zu verabreichen, mit der gleichen zufriedenstellenden Wirkung wie ihre derzeitige Zulage.

„ PROFESSOR MUFF war bereit, seinen Ruf als Fachmann darauf zu verwetten, dass eine solche Menge an Nahrung vollkommen ausreichend für die Erhaltung des menschlichen Lebens sei – in Arbeitshäusern; die Zugabe eines fünfzehnten Körnchens Pudding zweimal wöchentlich würde daraus eine üppige Kost machen.

Professor NOGO LENKTE DIE AUFMERKSAMKEIT DER ABTEILUNG AUF EINEN SEHR AUßERGEWÖHNLICHEN FALL VON TIERISCHEM MAGNETISMUS. EIN PRIVATER WACHMANN, DER VOM WACHMANN VON DER ANDEREN SEITE EINER BREITEN STRAßE AUS nur angeschaut wurde, war sofort in einem sehr schläfrigen und matten Zustand. Er wurde zu seiner Loge begleitet, und als man ihm einmal leicht die Handflächen rieb, fiel er in einen tiefen Schlaf, in dem er zehn Stunden lang ohne Unterbrechung verharrte.

„ ABSCHNITT C. – STATISTIKEN . "

HEUBODEN, ORIGINAL SCHWEIN.

Präsident – Herr Woodensconce . *Vizepräsidenten* – Herr Ledbrain und Herr Timbered.

„ MR. SLUG erläuterte der Sektion das Ergebnis einiger Berechnungen, die er mit großer Mühe und Arbeit über den Stand der Kindererziehung in der Londoner Mittelschicht angestellt hatte. Er fand heraus, dass in einem Umkreis von drei Meilen um das Elephant and Castle die folgenden Namen und Nummern der hauptsächlich im Umlauf befindlichen Kinderbücher waren :

'Jack der Riesentöter	7.943
Das Gleiche gilt für die Bohnenranke	8.621
Ditto und Elf Brüder	2.845
Dito und Jill	1.998
Gesamt	21.407

„Er fand heraus, dass das Verhältnis von Robinson Crusoes zu Philip Quarlls viereinhalb zu eins betrug; und dass das Übergewicht von Valentine und Orsons über Goody Two Shoeses dreiein Achtel der ersteren zu einem halben Achtel der letzteren betrug; ein Vergleich von Seven Champions mit Simple Simons ergab das gleiche Ergebnis. Die vorherrschende Ignoranz war beklagenswert. Als ein Kind gefragt wurde, ob es lieber der Heilige Georg von England oder ein angesehener Talghändler wäre, antwortete es sofort: „Beflecke Georg von Ingling." Ein anderer, ein kleiner Junge von acht Jahren, war fest von dem Glauben an die Existenz von Drachen überzeugt und erklärte offen, dass es seine Absicht gewesen sei, als er erwachsen wurde, mit dem Schwert in der Hand loszustürmen, um gefangene Prinzessinnen zu befreien und das promiskuitive Abschlachten von Riesen. Nicht ein einziges Kind unter den Befragten hatte jemals von Mungo Park gehört – einige fragten, ob er überhaupt etwas mit dem Schwarzen zu tun habe, der den Übergang fegte; und andere, ob er in irgendeiner Weise mit dem Regent's Park verwandt war. Sie hatten nicht die geringste Ahnung von den einfachsten Prinzipien der Mathematik und betrachteten Sindbad den Seefahrer als den unternehmungslustigsten Reisenden, den die Welt je hervorgebracht hatte.

„Ein Mitglied, das die Verwendung aller anderen erwähnten Bücher entschieden ablehnte, schlug vor, dass Jack und Jill vielleicht von der allgemeinen Kritik ausgenommen werden könnten, da der Held und die Heldin gleich zu Beginn der Geschichte so dargestellt wurden, als würden sie einen Hügel *hinaufsteigen* ." einen Eimer Wasser zu holen, was eine mühsame und nützliche Beschäftigung war – vorausgesetzt, zum Beispiel wurde die Wäsche der Familie gewaschen.

„ HERR SLUG befürchtete, dass die moralische Wirkung dieser Passage durch eine andere in einem späteren Teil des Gedichts mehr als ausgeglichen wurde, in der eine sehr grobe Anspielung auf die Art und Weise gemacht wurde, in der die Heldin von ihrer Mutter persönlich gezüchtigt wurde

„„Weil ich über Jacks Katastrophe gelacht habe;"

Außerdem hatte das ganze Werk diesen einen großen Fehler, *es war nicht wahr*

.

„ DER PRÄSIDENT lobte das ehrenwerte Mitglied für die ausgezeichnete Unterscheidung, die er getroffen hatte. Mehrere andere Mitglieder sprachen ebenfalls über die immense und dringende Notwendigkeit, das Gedächtnis von Kindern nur mit Fakten und Zahlen zu füllen; dieser Prozess, so bemerkte der Präsident nachdrücklich, habe sie (die Sektion) zu den Menschen gemacht, die sie seien.

„ MR. SLUG stellte dann einige merkwürdige Berechnungen bezüglich der Hundefleischkarren von London vor. Er fand heraus, dass die Gesamtzahl der kleinen Karren und Schubkarren, die mit der Versorgung der Katzen und Hunde der Metropole beschäftigt waren, eintausendsiebenhundertdreiundvierzig betrug. Die durchschnittliche Anzahl der Spieße, die täglich mit dem Futter von jedem Hundefleischkarren oder Karren geliefert wurden, betrug 36. Wenn man nun die Anzahl der so gelieferten Spieße mit der Anzahl der Schubkarren multipliziert, erhält man insgesamt zweiundsechzigtausendsiebenhundertachtundvierzig Spieße täglich. Wenn man davon ausgeht, dass von diesen zweiundsechzigtausendsiebenhundertachtundvierzig Spießen die ungeraden zweitausendsiebenhundertachtundvierzig versehentlich mit dem Fleisch von den gefräßigsten der zugeführten Tiere verschlungen wurden, folgte daraus, dass pro Person sechzigtausend Spieße übrig blieben Tag oder die enorme Zahl von einundzwanzig Millionen neunhunderttausend Spießen pro Jahr wurden in den Zwingern und Mülllöchern Londons verschwendet; die, wenn sie gesammelt und gelagert würden, in zehn Jahren eine mehr als ausreichende Holzmasse für den Bau eines erstklassigen Kriegsschiffes für die Marine Ihrer Majestät mit dem Namen „The Royal Skewer" liefern würden, und unter diesem Namen zum Schrecken aller Feinde dieser Insel zu werden.

„ MR. X. LEDBRAIN las eine sehr geistreiche Mitteilung, aus der hervorging, dass die Gesamtzahl der Beine der in der Industrie tätigen Bevölkerung einer großen Stadt in Yorkshire in runden Zahlen vierzigtausend betrug, während die Gesamtzahl der Stuhl- und Stuhlbeine in ihren Häusern nur dreißigtausend betrug, was bei dem sehr günstigen Durchschnitt von drei Beinen pro Sitz insgesamt nur zehntausend Sitze ergab. Aus dieser Berechnung geht hervor, dass zehntausend Personen (die Hälfte der Gesamtbevölkerung) entweder überhaupt keine Ruhe für ihre Beine hatten oder ihre gesamte Freizeit damit verbrachten, auf Kisten zu sitzen – wenn man Holz- oder Korkbeine nicht berücksichtigt, sondern zwei Beine pro Person annimmt.

' **ABSCHNITT D. – MECHANISCHE WISSENSCHAFT** .

COACH-HOUSE, ORIGINAL SCHWEIN.

Präsident – Herr. Fuhrmann. *Vizepräsidenten* – Herr Truck und Mr. Waghorn.

„ PROFESSOR QUEERSPECK stellte ein elegantes Modell einer tragbaren Eisenbahn aus, ordentlich montiert in einem grünen Koffer für die Westentasche. Indem er dieses schöne Instrument an seinen Stiefeln befestigte, konnte sich jeder Bankangestellte oder Beamte in einem öffentlichen Büro mit der einfachen Geschwindigkeit von 65 Meilen pro Stunde von seinem Wohnort zu seinem Geschäftssitz fortbewegen, was für Herren mit sesshaften Tätigkeiten wäre ein unkalkulierbarer Vorteil.

„ DER PRÄSIDENT wollte wissen, ob es notwendig sei, dass der Untergrund waagerecht sei, auf dem der Herr laufen könne.

„ PROFESSOR QUEERSPECK erklärte, dass die Herren der Stadt in Zügen liefen und mit Handschellen aneinander gefesselt seien, um Verwirrung oder Unannehmlichkeiten zu vermeiden. Zum Beispiel fuhren die Züge jeden Morgen um acht, neun und zehn Uhr von Camden Town, Islington, Camberwell, Hackney und verschiedenen anderen Orten ab, in denen die Herren der Stadt gewohnt sind zu wohnen. Es wäre notwendig, eine Ebene zu haben, aber er hatte dieser Schwierigkeit Rechnung getragen, indem er vorgeschlagen hatte, dass die beste Leitung, die die Umstände zuließen, durch die Abwasserkanäle geführt werden sollte, die die Straßen der Metropole untergraben und durch Düsen gut beleuchtet sind von den Gasleitungen, die unmittelbar über ihnen verlaufen, würden einen angenehmen und geräumigen Arkadengang bilden, besonders im Winter, wenn auf die unbequeme Gewohnheit, Regenschirme zu tragen, die jetzt so weit verbreitet ist, gänzlich verzichtet werden könnte. Als Antwort auf eine andere Frage erklärte Professor Queerspeck , dass ihm noch kein Ersatz für die Zwecke eingefallen sei, denen diese Arkaden derzeit gewidmet seien, er hoffe jedoch, dass kein phantasievoller Einwand in dieser Hinsicht einem so großen Unternehmen im Wege stehen würde.

„ HERR JOBBA entwickelte eine Druckmaschine nach einem neuartigen Konzept, um Aktien von Eisenbahngesellschaften vorzeitig auf einen Höchstwert zu bringen. Das Instrument hatte die Form eines eleganten vergoldeten Wetterglases von höchst schillerndem Aussehen und wurde von hinten mit Fäden nach Art eines Pantomimentricks bedient, wobei die Fäden stets von den Direktoren der Gesellschaft gezogen wurden, zu der die Maschine gehörte. Das Quecksilber war so geschickt platziert, dass, wenn die amtierenden Direktoren Aktien in ihren Taschen hielten, auf dem Glas Zahlen für sehr geringe Ausgaben und sehr große Erträge erschienen; aber sobald die Direktoren sich von diesen Papierstücken trennten, stieg die Schätzung der notwendigen Ausgaben plötzlich ins Unermessliche, während die Angaben über gewisse Gewinne im gleichen Verhältnis sanken. Herr Jobba gab an, dass die Maschine seit einigen Monaten ständig in Anspruch genommen worden sei und er nie erlebt habe, dass sie ausgefallen sei.

„Ein Abgeordneter äußerte seine Meinung, dass es äußerst ordentlich und hübsch sei. Er wollte wissen, ob es nicht anfällig für eine versehentliche Störung sei? Herr Jobba sagte, dass die gesamte Maschine zweifellos in die Luft gejagt werden könne, aber das sei der einzige Einwand dagegen.

„ PROFESSOR NOGO kam von der anatomischen Abteilung, um ein Modell einer Feuerleiter vorzuführen, die jederzeit in weniger als einer halben Stunde angebracht werden konnte und mit deren Hilfe die jüngsten oder schwächsten Personen (die dem Vordringen der Flammen erfolgreich widerstanden, bis die Flammen ganz ausgebrochen waren) gerettet werden konnten, wenn sie sich nur ein paar Minuten lang auf dem Fensterbrett ihres Schlafzimmers ausbalancierten und die Feuerleiter betraten, ohne auf die Straße zu fallen. Der Professor erklärte, dass die Zahl der Jungen, die tagsüber mit dieser Maschine aus Häusern gerettet worden waren, die nicht in Flammen standen, fast unglaublich sei. Seit vielen Monaten hatte es in ganz London keinen Brand gegeben, bei dem die Feuerleiter nicht gleich am nächsten Tag vor einem großen Andrang von Menschen in die Flucht geschlagen worden wäre.

„ DER PRÄSIDENT erkundigte sich, ob es in dringenden Notfällen nicht schwierig sei, festzustellen, welches der beiden Teile der Maschine oben und welches unten sei.

„ PROFESSOR NOGO erläuterte, dass man natürlich nicht erwarten könne, dass es bei einem Brand genauso gut funktioniert wie ohne Brand; im ersten Fall sei es seiner Meinung nach jedoch gleich nützlich, egal, ob der Deckel oben oder unten sei .“

Mit dem letzten Abschnitt schließt unser Korrespondent seinen äußerst kompetenten und gewissenhaften Bericht ab, der ihm für seine wissenschaftlichen Leistungen und uns für unseren Unternehmungsgeist immer Anerkennung zollen wird. Es ist unnötig, einen Überblick über die besprochenen Themen zu geben, über die Art und Weise, in der sie untersucht wurden, und über die großen Wahrheiten, die sie ans Licht brachten. Sie liegen nun der Welt vor, und wir überlassen sie dem Lesen, Überlegen und Nutzen.

Der Versammlungsort für nächstes Jahr wurde diskutiert und schließlich festgelegt, wobei die Qualität der Weine, die Versorgung der Märkte, die Gastfreundschaft der Einwohner und die Qualität der Hotels berücksichtigt und geprüft wurden. Wir hoffen, dass unser Korrespondent bei diesem nächsten Treffen wieder anwesend sein wird und dass wir erneut das Mittel sein können, seine Mitteilungen der Welt bekannt zu machen. Bis dahin hat man uns dazu überredet , den Verkauf dieser Ausgabe unseres Sammelbandes an die Öffentlichkeit oder den Großhandel ohne Aufschlag auf unseren üblichen Preis zu gestatten.

Wir müssen nur hinzufügen, dass die Ausschüsse jetzt aufgelöst sind und dass Mudfog wieder zu seiner gewohnten Ruhe zurückgekehrt ist – dass Professoren und Mitglieder Bälle, *Soirées* , Abendessen und große gegenseitige Komplimente hatten und dies auch endlich getan haben in ihre verschiedenen Häuser verstreut, wohin alle guten Wünsche und Freuden sie begleiten, bis zum nächsten Jahr!

Signiert BOZ .

BERICHT ÜBER DAS ZWEITE TREFFEN DER MUDFOGASSOCIATION FOR THE ADVANCED OF EVERYTHING

IM Oktober letzten Jahres haben wir uns die unsterbliche Ehre erwiesen, mit enormem Aufwand und unter Einsatz von Anstrengungen, die in der Geschichte der Zeitschriftenveröffentlichung ihresgleichen suchen , die Protokolle der Mudfog Association for the Advancement of Everything aufzuzeichnen, die in diesem Monat zum ersten Mal stattfand großes halbjährliches Treffen zur Verwunderung und Freude des ganzen Reiches. Am Ende dieses außergewöhnlichen und höchst bemerkenswerten Berichts haben wir angekündigt, dass wir, wenn das zweite Treffen der Gesellschaft stattfinden sollte, wieder auf unserem Posten sein würden, unsere gigantischen und energischen Unternehmungen erneuern und die Welt noch einmal zum Klingen bringen würden Genauigkeit, Authentizität, unermessliche Überlegenheit und intensive Bemerkenswertheit unseres Berichts über seinen Ablauf. Zur Einlösung dieses Versprechens ließen wir uns per Dampf nach Oldcastle schicken (an diesem Ort fand im 20.

Augenblick dieses zweite Treffen der Gesellschaft statt), derselbe übermenschlich begabte Herr, der den früheren Bericht vorgelegt und – begabt hatte von Natur aus mit überragenden Fähigkeiten ausgestattet und von uns mit einer Gruppe von Assistenten ausgestattet, die ihm selbst kaum nachstehen, hat eine Reihe von Briefen weitergeleitet, die sich durch Treue der Beschreibung, Kraft der Sprache, Inbrunst des Denkens, Glück des Ausdrucks und Wichtigkeit auszeichnen Themen, die in der Briefliteratur aller Zeiten und Länder ihresgleichen suchen. Wir geben die Korrespondenz dieses Herrn vollständig und in der Reihenfolge weiter, in der sie unser Büro erreicht hat.

„ Saloon of Steamer “, Donnerstagabend , halb acht .

„ ALS ich heute Abend im Mietcabrio Nr. 4285 die New Burlington Street verließ, erlebte ich ebenso neuartige wie bedrückende Empfindungen. Ein Gefühl für die Wichtigkeit der Aufgabe, die ich übernommen hatte, das Bewusstsein, dass ich London verließ und, was noch seltsamer war, woanders hinging, ein Gefühl der Einsamkeit und ein Gefühl der Erschütterung verwirrten meine Gedanken völlig und machten mich eine Zeit lang fassungslos sogar unempfindlich gegenüber der Anwesenheit meiner Reisetasche und meiner Hutschachtel. Ich werde dem Fahrer eines Blackwall-Omnibusses immer dankbar sein, der mich aus einem Tumult völlig unbeschreiblicher Vorstellungen weckte, indem er die Stange seines Fahrzeugs durch die kleine Tür des Cabriolets steckte. Aber aus solchen Materialien besteht unsere unvollkommene Natur!

„Ich bin glücklich, sagen zu können, dass ich der erste Passagier an Bord bin und Ihnen daher in der Lage sein werde, Ihnen alles, was passiert, in der Reihenfolge seines Auftretens zu schildern. Der Schornstein raucht stark, ebenso wie die Mannschaft; und der Kapitän, so wurde mir mitgeteilt, ist in einem kleinen Haus an Deck, das einer schwarzen Mautstraße ähnelt, sehr betrunken. Aus allem, was ich höre, schließe ich, dass er Dampf abgelassen hat.

„Sie können leicht erraten, mit welchen Gefühlen ich gerade herausgefunden habe, dass sich meine Koje im selben Schrank befindet wie die von Professor Woodensconce , Mr. Slug und Professor Grime. Professor Woodensconce hat das Regal über mir eingenommen und Mr. Slug und Professor Grime die beiden Regale gegenüber. Ihr Gepäck ist bereits angekommen. Auf Mr. Slugs Bett liegt ein langes Blechrohr mit einem Durchmesser von etwa sieben Zentimetern, das an beiden Enden sorgfältig verschlossen ist. Was kann das enthalten? Zweifellos ein mächtiges Instrument einer neuen Konstruktion.'

„ Zehn Minuten nach neun .“

„ Noch ist NIEMAND angekommen, und mir ist auch nichts Frisches in den Weg gekommen, außer ein paar Stücken Rind- und Hammelfleisch, woraus ich schließe, dass für morgen ein gutes, einfaches Abendessen vorbereitet ist." Unten herrscht ein eigenartiger Geruch, der mir zunächst etwas Unbehagen bereitete; Aber da der Steward sagt, dass es immer da ist und nie verschwindet, fühle ich mich wieder ganz wohl. Von diesem Mann erfahre ich, dass die verschiedenen Abschnitte auf „Black Boy" und „Stomach-ache" sowie „Boot-jack" und „Countenance" verteilt werden. Wenn diese Informationen wahr sind (und ich habe keinen Grund, daran zu zweifeln), werden Ihre Leser die Schlussfolgerungen ziehen, die ihre unterschiedlichen Meinungen vermuten lassen.

„Ich schreibe diese Bemerkungen so auf, wie sie mir einfallen oder wie mir die Fakten bekannt werden, damit meine ersten Eindrücke nichts von ihrer ursprünglichen Lebendigkeit verlieren." Ich werde sie bei Gelegenheit in kleinen Paketen verschicken .'

' *Halb zehn* .

„ EIN dunkler Gegenstand ist gerade auf dem Kai aufgetaucht. Ich glaube, es ist eine Reisekutsche.'

' *Viertel vor zehn* .

„ NEIN , das ist es nicht."

' *Halb elf* .

„ DIE Passagiere strömen jeden Moment herein. Vier vollbesetzte Omnibusse sind gerade am Kai angekommen, und es herrscht geschäftiges Treiben. Der Lärm und die Verwirrung sind sehr groß. In den Kabinen werden Tücher ausgelegt, und der Steward stellt blaue Teller voller Käsestückchen in gleichmäßigen Abständen in die Mitte der Tische. Er lässt viele Knöpfe fallen; Da er aber daran gewöhnt ist, hebt er sie mit großer Geschicklichkeit wieder auf, wischt sie am Ärmel ab und wirft sie zurück in die Teller. Er ist ein junger Mann von äußerst einnehmendem Aussehen – entweder schmutzig oder ein Mulatte, aber ich denke, ersteres ist der Fall.

„Ein interessanter alter Herr, der mit einem Omnibus zum Kai gekommen ist, hat sich gerade heftig mit den Trägern gestritten und taumelt mit einem großen Koffer im Arm auf das Schiff zu. Ich vertraue und hoffe, dass er es sicher erreichen wird; aber das Brett, das er überqueren muss, ist schmal und rutschig. War das ein Spritzer? Gnädige Mächte!

„Ich bin gerade vom Deck zurückgekommen. Der Koffer steht am äußersten Rand des Kais, aber der alte Herr ist nirgends zu sehen. Der Wächter ist sich nicht sicher, ob er untergegangen ist oder nicht, verspricht aber, ihn morgen früh als erstes zu schleppen. Mögen seine humanen Bemühungen Erfolg haben!

„Professor Nogo ist gerade mit seiner Nachtmütze unter dem Hut angekommen. Er hat ein Glas kalten Brandy mit Wasser, einen harten Keks und eine Schüssel bestellt und ist sofort ins Bett gegangen. Was kann das bedeuten?

„Die drei anderen wissenschaftlichen Herren, auf die ich bereits angespielt habe, sind an Bord gekommen und haben alle ihre Betten ausprobiert, mit Ausnahme von Professor Woodensconce , der in einem der oberen schläft und nicht hineinkommt. Mr. Slug, der im anderen Obergeschoss schläft, kann nicht aus seinem Zimmer herauskommen und muss sich sein Abendessen von einem Jungen reichen lassen. Ich hatte die Ehre , mich diesen Herren vorzustellen, und wir haben einvernehmlich die Reihenfolge vereinbart, in der wir uns zur Ruhe zurückziehen werden; worüber man sich einigen muss, denn obwohl die Kabine sehr komfortabel ist, gibt es nicht Platz für mehr als einen Herrn gleichzeitig, und selbst er muss auf dem Flur seine Stiefel ausziehen.

„Wie ich erwartet hatte, waren die Käsestücke für das Abendessen der Passagiere vorgesehen und werden jetzt verzehrt. Ihre Leser werden überrascht sein zu hören, dass Professor Woodensconce seit acht Jahren auf Käse verzichtet, obwohl er Butter in beträchtlichen Mengen zu sich nimmt. Professor Grime, der mehrere Zähne verloren hat, kann, wie ich bemerke, seine Brotrinden nicht essen, ohne sie vorher in seinem Flaschenbier einzuweichen. Wie interessant sind diese Besonderheiten!“

' *Halb zwölf* .

' PROFESSOREN Woodensconce und Grime haben sich gerade mit einem Maß an guter Laune , das uns alle erfreut, darauf verständigt, um eine Flasche Glühwein zu spielen. Es gab einige Diskussionen, ob der erste Wurf oder der beste von dreien entscheiden sollte. Schließlich wurde die letztere Methode gewählt. Ich wünsche mir zutiefst, dass beide Herren gewinnen könnten; aber da dies unmöglich ist, gestehe ich, dass meine persönlichen Hoffnungen (ich spreche als Privatperson und kompromittiere weder Sie noch Ihre Leser durch diesen Gefühlsausdruck) bei Professor Woodensconce liegen . Ich habe auf diesen Herrn mit einem Betrag von 18 Pence gesetzt.'

" *Zwanzig Minuten vor zwölf* .

„ PROFESSOR Grime hat versehentlich seine halbe Krone aus einem der Kabinenfenster geworfen, und es wurde vereinbart, dass der Steward für ihn werfen soll. Wetten werden auf jeder Seite in beliebiger Höhe angeboten, aber es gibt keine Abnehmer.

„Professor Woodensconce hat gerade „Frau" genannt; Aber nachdem die Münze in einem Balken steckengeblieben ist, wird es lange dauern, bis sie wieder herunterkommt. „Das Interesse und die Spannung dieses einen Augenblicks übersteigen alles, was man sich vorstellen kann."

„ *Zwölf Uhr* . "

" DER Glühwein raucht auf dem Tisch vor mir, und Professor Grime hat gewonnen. Werfen ist ein Glücksspiel; aber aus jedem Grund, ob öffentlicher oder privater Natur, intellektueller Begabung oder wissenschaftlicher Errungenschaften, kann ich nicht umhin, meine Meinung auszudrücken, dass Professor Woodensconce *hätte* siegreich daraus hervorgehen sollen. Es herrscht eine Begeisterung für Professor Grime, die, fürchte ich, mit wahrer Größe unvereinbar ist.'

' *Viertel nach zwölf* .

' PROFESSOR Grime jubelt weiterhin und prahlt in nicht sehr maßvollen Ausdrücken mit seinem Sieg, wobei er bemerkt, dass er immer gewinnt und dass er im Voraus wusste, dass es ein „Kopf" sein würde, mit vielen anderen Bemerkungen ähnlicher Art. Sicherlich ist dieser Herr nicht so sehr in jedem Gefühl von Anstand und Anstand versunken, dass er die Überlegenheit von Professor Woodensconce nicht spürt und kennt ? Ist Professor Grime verrückt? Oder möchte er im Klartext an seine wahre Stellung in der Gesellschaft und den genauen Stand seiner Kenntnisse und Fähigkeiten erinnert werden? Professor Grime wird gut daran tun, sich darum zu kümmern.'

' *Ein Uhr* .

„Ich SCHREIBE im Bett. Die kleine Kabine wird vom schwachen Licht einer flackernden Lampe erhellt, die von der Decke hängt; Professor Grime liegt auf dem gegenüberliegenden Brett auf dem breiten Rücken und hat den Mund weit geöffnet. Die Szene ist unbeschreiblich feierlich. Das Plätschern der Flut, das Geräusch der Schritte der Matrosen über uns, die rauen Stimmen auf dem Fluss, die Hunde am Ufer, das Schnarchen der Passagiere und ein ständiges Knarren jeder Planke im Schiff sind die einzigen Geräusche, die man hört. Abgesehen von diesen Ausnahmen herrscht tiefe Stille.

„Meine Neugier wurde im letzten Moment sehr geweckt." Mr. Slug, der über Professor Grime liegt, hat vorsichtig die Vorhänge seiner Koje zurückgezogen und, nachdem er ängstlich hinausgeschaut hat, als wolle er sich vergewissern, dass seine Gefährten schlafen, die Blechröhre, von der ich zuvor gesprochen habe, in die Hand genommen: und betrachtet es mit großem Interesse. Welche seltene mechanische Kombination könnte in diesem mysteriösen Gehäuse enthalten sein? Es ist offensichtlich ein tiefes Geheimnis für alle.'

' *Viertel nach eins* .

' DER Das Verhalten von Mr. Slug wird immer mysteriöser. Er hat den Deckel des Röhrchens abgeschraubt und nimmt nun seine Beobachtungen an seinen Gefährten wieder auf, offensichtlich um sicherzugehen, dass er völlig unbeobachtet bleibt. Er steht eindeutig am Vorabend eines großen Experiments. Ich bete zu Gott, dass es kein gefährliches Experiment ist; aber die Interessen der Wissenschaft müssen gefördert werden, und ich bin auf das Schlimmste vorbereitet.'

' *Fünf Minuten später* .

,, ER hat eine große Schere hervorgeholt und eine Rolle aus einem Stück Stoff, der in seiner Erscheinung Pergament nicht unähnlich ist, aus dem Blechkasten gezogen. Das Experiment wird gleich beginnen. Ich muss meine Augen bis zum Äußersten anstrengen, um den kleinsten Vorgang zu verfolgen.''

" *Zwanzig Minuten vor zwei* .

,,Endlich konnte ich FESTSTELLEN , dass die Blechtube ein paar Meter eines berühmten Pflasters enthält, das – wie ich beim aufmerksamen Betrachten des Etiketts durch mein Brillenglas erfahre – als Konservierungsmittel gegen Seekrankheit empfohlen wird. Mr. Slug hat es in kleine Portionen geschnitten und klebt es nun in alle Richtungen über sich selbst.'

' *Drei Uhr* .

,, Vor GENAU einer Viertelstunde haben wir den Anker gelichtet, und die Maschinerie wurde plötzlich mit einem so entsetzlichen Lärm in Bewegung gesetzt, dass Professor Woodensconce (der über eine Plattform aus Teppichsäcken, die er auf geometrischen Ebenen angeordnet hatte, zu seiner Koje hinaufgestiegen war Er stürzte mit dem Kopf voran aus seinem Regal, kam mit der Schnelligkeit äußersten Entsetzens wieder auf die Beine und rannte wild in die Damenkabine, in dem Eindruck, dass wir untergingen, und stieß laute Hilferufe aus. Ich bin mir sicher, dass die Szene, die darauf folgte, jeder Beschreibung entbehrt. Zu dieser Zeit befanden sich einhundertsiebenundvierzig Damen in ihren jeweiligen Kojen.

,,Mr. Slug hat als weiteres Beispiel für die extreme Genialität der Dampfmaschine in der Schifffahrt bemerkt, dass sich die Maschinerie, egal wo auf dem Schiff sich die Koje eines Passagiers befindet, immer genau unter seinem Kopfkissen zu befinden scheint. Er beabsichtigt, diese sehr schöne, wenn auch einfache Entdeckung dem Verband mitzuteilen.''

' *Halb elf* .

„ WIR sind immer noch in glattem Wasser; Das heißt, in so glattem Wasser, wie ein Dampfschiff nur sein kann, denn wie Professor Woodensconce (der gerade aufgewacht ist) fachmännisch bemerkte, besteht ein weiterer großer Einfallsreichtum eines Dampfers darin, dass er immer einen kleinen Sturm mit sich bringt damit. Man kann sich kaum vorstellen, wie aufregend das ruckartige Pulsieren des Schiffes ist. Es handelt sich um positive Einschlafschwierigkeiten.'

„ *Freitagnachmittag , sechs Uhr .*“

„Ich muss Ihnen LEIDER mitteilen, dass Mr. Slugs Pflaster erfolglos war.“ Er leidet unter großen Schmerzen, hat aber trotzdem mehrere große, zusätzliche Stücke angelegt. Wie berührend ist diese extreme Hingabe an die Wissenschaft und das Streben nach Wissen unter den schwierigsten Umständen!

„Wir waren heute Morgen äußerst zufrieden und das Frühstück war eine der lebhaftesten Beschreibungen .“ Bis Mittag passierte nichts Unangenehmes, außer dass sich Doktor Foxeys brauner Seidenschirm und sein weißer Hut in der Maschinerie verfingen, während er einer Schar Damen den Bau der Dampfmaschine erklärte. Ich fürchte, die Soßensuppe zum Mittagessen war unvernünftig. „Wir haben fast unmittelbar danach sehr viele Passagiere verloren.“

' *Halb sieben* .

„Ich LIEGE wieder im Bett. Noch nie musste ich so herzzerreißende Leiden wie Mr. Slug miterleben.“

' *Sieben Uhr* .

„Ein BOTE ist gerade heruntergekommen, um ein sauberes Taschentuch aus Professor Woodensconces Tasche zu holen, da dieser unglückliche Herr nicht in der Lage ist, das Deck zu verlassen und ständig darum fleht, über Bord geworfen zu werden. Von diesem Mann habe ich erfahren, dass Professor Nogo , obwohl er sich in einem Zustand völliger Erschöpfung befindet, schwach an dem harten Keks und dem kalten Brandy und Wasser festhält, in der Annahme, dass sie ihn noch wieder auf die Beine bringen werden. So ist der Triumph des Geistes über die Materie.

„Professor Grime liegt offenbar ganz gut im Bett; aber er *will* essen, und es ist unangenehm, ihn zu sehen. Hat dieser Herr kein Mitleid mit den Leiden seiner Mitmenschen? Wenn ja, nach welchem Grundsatz kann er dann Hammelkoteletts rufen – und lächeln?“

„ *Black Boy und Magenschmerzen* ,
Oldcastle , Samstagmittag . “

„ SIE werden erfreut sein zu erfahren, dass ich endlich in Sicherheit hier angekommen bin. Die Stadt ist übermäßig überfüllt und alle Privatunterkünfte und Hotels sind voller *Savanen* beiderlei Geschlechts. Die enorme Ansammlung von Intellektuellen, die einem auf jeder Straße begegnet, ist im höchsten Maße überwältigend.

„Trotz der Menschenmassen hier hatte ich das Glück, eine sehr komfortable Unterkunft zu sehr vernünftigen Bedingungen zu finden. Ich konnte mir für eine Guinee pro Nacht ein Sofa im Durchgang im ersten Stock sichern, was die Erlaubnis einschließt, meine Mahlzeiten in der Bar einzunehmen, unter der Bedingung, dass ich zu allen anderen Zeiten auf den Straßen herumlaufe, um Platz für andere Herren in ähnlicher Lage zu machen. Ich habe mir die Nebengebäude angesehen, die für den Empfang der verschiedenen Abteilungen vorgesehen sind, sowohl hier als auch im Boot-jack and Countenance, und bin von der Einrichtung sehr begeistert. Nichts kann das frische Aussehen des Sägemehls übertreffen, mit dem die Böden bestreut sind. Die Formen sind aus ungehobeltem Kiefernholz, und die Gesamtwirkung ist, wie Sie sich gut vorstellen können, äußerst schön.“

' *Halb zehn* .

„ DIE Zahl und Schnelligkeit der Ankünfte ist ziemlich verwirrend. Innerhalb der letzten zehn Minuten ist eine Postkutsche vor die Tür gefahren, die innen und außen mit angesehenen Persönlichkeiten gefüllt ist, darunter Mr. Muddlebranes , Mr. Drawley , Professor Muff, Mr. X. Misty, Mr. XX Misty und Mr. Purblind , Professor Rummun, der ehrenwerte und ehrwürdige Mr. Long Eers , Professor John Ketch, Sir William Joltered , Doctor Buffer, Mr. Smith (aus London), Mr. Brown (aus Edinburgh), Sir Hookham Snivey und Professor Pumpkinskull . „Die zehn letztgenannten Herren waren durchnässt und sahen äußerst intelligent aus.“

' *Sonntag , 14* Uhr

' DER Der ehrenwerte und ehrwürdige Herr Long Eers ist heute Morgen in Begleitung von Sir William Joltered zu Fuß und mit dem Auto gefahren. Das erste Kunststück haben sie in Stiefeln vollbracht, das zweite in einem gemieteten Wagen. Dies hat natürlich zu vielen Diskussionen geführt.

Sowster , dem aktiven und intelligenten Büttel dieses Ortes, und Professor Pumpkinskull stattgefunden hat , der, wie Ihre Leser zweifellos wissen, ein einflussreiches Mitglied des Rates ist.“ . Ich verzichte darauf, irgendwelche Gerüchte mitzuteilen , zu denen dieser sehr außergewöhnliche Vorgang Anlass gegeben hat, bis ich Sowster gesehen habe und mich bemüht habe , die Wahrheit von ihm herauszufinden.'

' *Halb sieben* .

„ Kurz nachdem ich das oben Gesagte geschrieben hatte, NAHM ICH eine Eselskutsche und marschierte in flottem Trab in Richtung von Sowsters Wohnsitz, durchquerte eine wunderschöne Landfläche mit roten Backsteingebäuden auf beiden Seiten und hielt auf dem Marktplatz an, um das zu beobachten Stelle, an der gestern Mr. Kwakleys Hut weggeflogen ist. Es handelt sich um ein unebenes Stück Pflaster, das jedoch keineswegs so aussieht, als würde man vermuten, dass sich dort kürzlich ein solches Ereignis ereignet hat. Von diesem Punkt aus ging ich weiter – an der Gasfabrik und der Talgschmelze vorbei – zu einer Gasse, die mir als Wohnort des Büttels angezeigt worden war; und bevor ich ein Dutzend Meter weiter gefahren war, hatte ich das Glück, Sowster selbst zu treffen, der auf mich zukam.

Sowster ist ein dicker Mann, mit einer stärkeren Ausprägung jener eigentümlichen Gesichtsform, die gemeinhin als Doppelkinn bezeichnet wird, als ich mich erinnern kann, je zuvor gesehen zu haben. Er hat auch eine sehr rote Nase, die er seiner Gewohnheit des frühen Aufstehens zuschreibt – so rot, dass ich ohne diese Erklärung angenommen hätte, dass sie von gelegentlicher Trunkenheit herrührt. Er teilte mir mit, dass er sich nicht frei fühle, zu erzählen, was zwischen ihm und Professor Pumpkinskull vorgefallen sei , aber er habe keine Einwände, zu sagen, dass es mit einer Angelegenheit der Polizei zusammenhänge, und fügte mit besonderer Bedeutung hinzu: „Ich habe nie … schnelle Zeiten!"

„Sie werden mir leicht glauben, dass diese Nachricht mich ziemlich überraschte, nicht ganz ohne Besorgnis, und dass ich keine Zeit verlor, Professor Pumpkinskull zu bedienen und ihm den Grund meines Besuchs zu erklären. Nach kurzem Nachdenken erklärte der Professor, der sich, wie ich sagen muss, äußerst höflich verhielt, offen (ich markiere die Passage kursiv), *dass er Sowster gebeten hatte , am Montagmorgen im Boot-jack and Countenance zu erscheinen , um die Jungen fernzuhalten* ; und dass er außerdem gewünscht hatte *, dass der Unterdiener mit demselben Ziel im Black Boy und Stomach-ache postiert werden sollte* !

„Nun überlasse ich dieses verfassungswidrige Verfahren Ihren Kommentaren und der Überlegung Ihrer Leser. Ich habe noch nicht gehört, dass ein Gemeindediener, der außerhalb des Bezirks einer Kirche, eines Friedhofs oder eines Arbeitshauses handelt und anders als auf ausdrücklichen Befehl von Kirchenvorstehern und Aufsehern im Rat handelt, um das Gesetz gegen Leute durchzusetzen, die in die Gemeinde kommen, und andere Übertreter, irgendeine rechtmäßige Autorität über die heranwachsende Jugend dieses Landes hat. Ich habe noch nicht gehört, dass ein Gemeindediener von einem Zivilisten gerufen werden kann, um

Herrschaft und Despotie über die Jungen Großbritanniens auszuüben. Ich habe noch nicht gehört, dass ein Gemeindediener von den Kommissaren für die Regulierung des Armenrechts die Erlaubnis erhält, die Sohlen und Absätze seiner Stiefel abzunutzen und so die Freiheiten von Leuten illegal zu beeinträchtigen, die nicht als arm oder anderweitig kriminell erwiesen sind. Ich muss erst noch erfahren, dass ein Kirchendiener die Macht hat, die Straße der Königin nach seinem Gutdünken und Belieben zu sperren, oder dass nicht die ganze Breite der Straße bis an die Häuserwände für irgendeinen Mann, Jungen oder eine Frau frei und offen ist – ja, ob es sich nun um schwarze Jungen und Bauchschmerzen oder um Stiefelknechte und Gesichter handelt, ist mir egal.'

' *Neun Uhr* .

„Ich habe einen einheimischen Künstler damit beauftragt, eine originalgetreue Skizze des Tyrannen Sowster anzufertigen , die Sie, da er diese berüchtigte Berühmtheit erlangt hat, zweifellos eingravieren lassen möchten, um Ihnen bei jedem Exemplar Ihrer nächsten Nummer eine Kopie zu überreichen." Ich lege es bei.

Der Unterdiener hat zugestimmt, sein Leben aufzuschreiben, es soll jedoch streng anonym bleiben.

„Die begleitende Ähnlichkeit ist natürlich aus dem Leben und in jeder Hinsicht vollständig." Selbst wenn ich den wahren Charakter des Mannes überhaupt nicht gekannt hätte und er mir ohne weiteres vorgetragen worden wäre, hätte ich unwillkürlich geschaudert. In den Gesichtszügen liegt ein intensiv bösartiger Ausdruck und in den Augen des Raufbolds ist eine unheilvolle Wildheit zu erkennen, die ihn entsetzt und krank macht. Sein ganzes Gesicht ist voller Grausamkeit, und auch sein Magen ist nicht weniger charakteristisch für seine dämonischen Neigungen.

' *Montag* .

„ DER große Tag ist endlich gekommen. Ich habe weder Augen noch Ohren, noch Stifte, noch Tinte, noch Papier für etwas anderes als die wundervollen Vorgänge, die meine Sinne in Erstaunen versetzt haben. Lassen Sie mich meine Kräfte sammeln und mit dem Konto fortfahren.

„ ABSCHNITT A. – ZOOLOGIE UND BOTANIK ."

VORDERES STUBENHAUS, SCHWARZER JUNGE UND BAUCHSCHMERZEN.

Präsident – Sir William Joltered . *Vizepräsidenten* – Mr. Muddlebranes und Mr. Drawley .

' HERR . XX MISTY übermittelte einige Bemerkungen zum Verschwinden der Tanzbären aus den Straßen Londons sowie Beobachtungen zur Ausstellung von Affen im Zusammenhang mit Drehorgeln. Der Autor hatte mit größtem Schmerz und Bedauern beobachtet, dass vor einigen Jahren ein plötzlicher und unerklärlicher Wandel im öffentlichen Geschmack in Bezug auf Wanderbären stattfand, die, da sie von der Bevölkerung herabgewürdigt wurden, nach und nach einer nach dem anderen abfielen die Straßen der Metropole, bis niemand mehr übrig blieb, um in den Brüsten der Armen und Ungebildeten eine Vorliebe für Naturgeschichte zu wecken. Tatsächlich hatte ein Bär – ein braunes und zerlumptes Tier – mit einem abgenutzten und niedergeschlagenen Gesicht und schwachen Gliedmaßen in den Schlupfwinkeln seiner früheren Triumphe herumlungerte und versucht, seinen Viertelstab zur Belustigung der Menge zu schwingen; Doch der Hunger und der völlige Mangel an einer angemessenen Belohnung für seine Fähigkeiten hatten ihn schließlich vom Feld vertrieben, und es war nur zu wahrscheinlich, dass er der wachsenden Vorliebe für Fett zum Opfer gefallen war. Er fügte mit Bedauern hinzu, dass eine ähnliche und nicht weniger beklagenswerte Veränderung in Bezug auf Affen stattgefunden habe. Diese entzückenden Tiere waren früher fast so zahlreich vorhanden wie die Organe, auf deren Spitzen sie zu sitzen pflegten; Das Verhältnis im Jahr 1829 (wie aus der parlamentarischen Stellungnahme hervorging) betrug ein Affe zu drei Organen. Aufgrund eines veränderten Geschmacks an Musikinstrumenten und der weitgehenden Ersetzung von Orgeln durch schmale Musikkästen, die den Affen nichts mehr zum Sitzen ließen, versiegte diese Quelle der öffentlichen Unterhaltung jedoch völlig. Da es im Zusammenhang mit der nationalen Bildung eine äußerst wichtige Angelegenheit ist, dass den Menschen solche Gelegenheiten, sich mit den

Sitten und Bräuchen zweier äußerst interessanter Tierarten vertraut zu machen, nicht entgehen dürfen, schlug der Autor vor, dass sofort einige Maßnahmen ergriffen werden sollten für die Wiederherstellung dieser angenehmen und wahrhaft intellektuellen Vergnügungen.

„ DER PRÄSIDENT erkundigte sich, mit welchen Mitteln das ehrenwerte Mitglied dieses äußerst wünschenswerte Ziel erreichen wolle.

DER AUTOR führte aus, dass dies am vollständigsten und zufriedenstellendsten erreicht werden könnte, wenn die Regierung Ihrer Majestät dafür sorgen würde, dass so viele Bären nach England gebracht und auf öffentliche Kosten und zur Unterhaltung der Öffentlichkeit gehalten würden, dass jedes Viertel der Stadt besucht werden könnte – sagen wir mindestens drei Bären pro Woche. Es dürfte keinerlei Schwierigkeiten geben, einen geeigneten Ort für die Aufnahme dieser Tiere zu finden, da in unmittelbarer Nähe beider Häuser des Parlaments ein geräumiger Bärengarten errichtet werden könnte; offensichtlich der geeignetste und geeignetste Ort für eine solche Einrichtung.

„ PROFESSOR MULL BEZWEIFELTE SEHR, DASS MIT DEN MITTELN, AUF DIE DAS ehrenwerte Mitglied so geschickt hingewiesen hatte , irgendwelche korrekten Vorstellungen der Naturgeschichte verbreitet wurden .“ Im Gegenteil glaubte er, dass sie das Mittel zur Verbreitung sehr falscher und unvollkommener Vorstellungen zu diesem Thema gewesen seien. Er sprach aus persönlicher Beobachtung und persönlicher Erfahrung, als er sagte, dass viele Kinder mit großen Fähigkeiten durch das, was sie auf der Straße beobachtet hatten, zum Glauben gebracht worden seien, und zwar in der Zeit, in die der Ehrenwerte ging, und davor Herr hatte darauf hingewiesen, dass alle Affen in roten Mänteln und Pailletten geboren wurden und dass ihre Hüte und Federn ebenfalls von Natur aus kamen. Er wollte genau wissen, ob der ehrenwerte Herr den Mangel an Ermutigung, den die Bären gefunden hatten, auf den Rückgang des öffentlichen Geschmacks in dieser Hinsicht oder auf einen Mangel an Fähigkeiten auf Seiten der Bären selbst zurückführte.

' HERR . XX MISTY antwortete, dass er sich nicht dazu durchringen könne zu glauben, dass es unter den Bären und Affen im Allgemeinen eine Menge Talent geben müsse; die sich mangels angemessener Ermutigung in andere Richtungen zerstreute.

„ PROFESSOR PUMPKINSKULL wollte diese Gelegenheit nutzen, um die Aufmerksamkeit der Sektion auf einen äußerst wichtigen und ernsten Punkt zu lenken. Der Autor der soeben verlesenen Abhandlung hatte auf die vorherrschende Vorliebe für Bärenfett als Mittel zur Förderung des Haarwuchses angespielt, die zweifellos in einem sehr großen und (wie es ihm schien) sehr besorgniserregendem Ausmaß verbreitet war. Keinem

Gentleman, der dieser Sektion zuhörte, konnte die Tatsache entgehen, dass die Jugend der heutigen Zeit durch ihr Verhalten auf der Straße und an allen öffentlichen Orten einen erheblichen Mangel an jener Galanterie und jenem Gentleman-Gefühl an den Tag legte, das in unwissenderen Zeiten als schicklich galt. Er wollte wissen, ob es möglich sei, dass eine ständige äußerliche Anwendung von Bärenfett durch die jungen Herren in der Stadt diesen unglücklichen Personen unmerklich etwas von der Natur und den Eigenschaften des Bären eingeflößt habe. Er schauderte, als er diese Bemerkung machte; Sollte sich diese Theorie jedoch bei näherer Untersuchung als begründet erweisen, würde sie sofort eine Menge unangenehmer Verhaltensabweichungen erklären , die ohne eine solche Entdeckung völlig unerklärlich wären.

„ DER PRÄSIDENT lobte den gelehrten Herrn für seinen äußerst wertvollen Vorschlag, der die Versammlung sehr beeindruckte, und bemerkte, dass er erst vor einer Woche in einem Theater einige junge Herren gesehen hatte, die eine Loge voller Damen mit einer wilden Intensität beäugten, die nur durch den Einfluss eines tierischen Appetits erklärt werden konnte. Es war schrecklich, wenn man bedenkt, dass unsere Jugend so schnell zu einer Bärengeneration heranwuchs.

„Nach einer Szene wissenschaftlicher Begeisterung wurde beschlossen, diese wichtige Frage unverzüglich der Prüfung des Rates vorzulegen.“

„ DER PRÄSIDENT wollte wissen, ob irgendein Herr der Abteilung mitteilen könne, was aus den Tanzhunden geworden sei.

„Ein MITGLIED antwortete nach einigem Zögern, dass die Hunde am Tag, nachdem drei Sänger von einem der eifrigsten Polizeibeamten der Metropole als Kriminelle ins Gefängnis gesteckt worden waren, ihre beruflichen Pflichten aufgegeben und sich in verschiedene Stadtteile verstreut hätten, um sich ihren Lebensunterhalt auf weniger gefährliche Weise zu verdienen. Ihm wurde zu verstehen gegeben, dass sie sich seit dieser Zeit damit ernährt hätten, blinden Männern auf die Pudel aufzulauern und sie auszurauben.

„ MR. FLUMMERY zeigte einen Zweig, von dem er behauptete, er sei ein echter Zweig jenes edlen Baumes, den Naturforscher als SHAKESPEARE kennen, der in jedem Land und Klima Wurzeln geschlagen hat und im Schatten seiner breiten grünen Zweige die große Menschheitsfamilie versammelt hat. Der gelehrte Herr bemerkte, dass der Zweig zu seiner Zeit zweifellos andere Namen gehabt habe; aber eine alte Dame in Warwickshire, wo der große Baum gewachsen war, habe ihn ihm als Ableger des echten SHAKESPEARE GEZEIGT , und er habe ihn unter diesem Namen seinen Landsleuten vorstellen wollen.

„ DER PRÄSIDENT wollte wissen, welche botanische Definition der ehrenwerte Herr für diese Kuriosität geben könne.

„ HERR FLUMMERY äußerte seine Meinung, dass es sich um eine ENTSCHEIDENDE PFLANZE handele .

„ABSCHNITT B. – DARSTELLUNG VON MODELLEN UND MASCHINENBAU . "

GROSSES RAUM, STIEFELKNECHT UND GESICHT.

Präsident – Herr Mallett. *Vizepräsidenten* – Herren Leaver und Scroo .

„ MR. CRINKLES stellte eine äußerst schöne und zarte Maschine aus, die kaum größer als eine gewöhnliche Schnupftabakdose war, vollständig von ihm selbst hergestellt und ausschließlich aus Stahl bestand und mit deren Hilfe in einer Stunde mehr Taschen gepflückt werden konnten als mit dem gegenwärtiger langsamer und langwieriger Prozess in vierundzwanzig. Der Erfinder bemerkte, dass es in der Fleet Street, am Strand und anderen Durchgangsstraßen aktiv in Betrieb genommen worden sei und es nie einen Ausfall gegeben habe.

„Nach einer kleinen Verzögerung, die dadurch verursacht wurde, dass die verschiedenen Mitglieder der Abteilung ihre Taschen zuknöpften,

„ DER PRÄSIDENT untersuchte die Erfindung genau und erklärte, dass er noch nie eine Maschine von schönerer oder exquisiterer Konstruktion gesehen habe. Wäre der Erfinder so freundlich, der Abteilung mitzuteilen, ob er welche genommen hat und welche Mittel er verwendet hat, um sie in den allgemeinen Betrieb zu bringen?

„ HERR CRINKLES gab an, dass es ihm nach anfänglichen Schwierigkeiten gelungen sei, mit Herrn Fogle Hunter und anderen Herren aus dem Kreis der hochrangigen Mafia in Kontakt zu treten, die der Erfindung die allerhöchste und uneingeschränkteste Anerkennung verliehen hätten. Er bedauerte jedoch, sagen zu müssen, dass diese angesehenen Praktiker gemeinsam mit einem Gentleman namens Gimlet-eyed Tommy und anderen Angehörigen einer sekundären Klasse des Berufs, die er angeblich vertrat, einen unüberwindlichen Einwand gegen die Existenz dieses Gesetzes hatten in den allgemeinen Gebrauch gebracht, mit der Begründung, dass es die unvermeidliche Wirkung hätte, die Handarbeit fast vollständig zu ersetzen und eine große Zahl hochverdienter Personen aus der Beschäftigung zu werfen.

DER PRÄSIDENT hoffte , dass man nicht zulassen würde, dass solch phantasievolle Einwände einer so großen öffentlichen Verbesserung im Wege stünden.

„ Das hoffte auch MR. CRINKLES , aber er fürchtete, dass nichts getan werden könne, wenn die Herren von der feinen Meute auf ihrem Einspruch beharrten.

Professor GRIME meinte, in diesem Fall ließe sich die Regierung Ihrer Majestät sicherlich dazu bewegen, sich der Sache anzunehmen.

„ HERR CRINKLES sagte, wenn sich der Einwand als unüberwindbar erweisen sollte, sollte er sich an das Parlament wenden, das seiner Meinung nach die Nützlichkeit der Erfindung mit Sicherheit anerkennen würde .

DER PRÄSIDENT bemerkte , dass das Parlament bis jetzt sicherlich sehr gut ohne sie ausgekommen sei; da sie aber ihre Arbeit in großem Maßstab betreibe, zweifle er nicht daran, dass sie die Verbesserung gern annehmen würden. Seine einzige Befürchtung sei, dass die Maschine durch den ständigen Betrieb abgenutzt werden könnte.

' HERR COPPERNOSE machte die Sektion auf einen Vorschlag von großem Umfang und Interesse aufmerksam, der durch eine große Anzahl von Modellen veranschaulicht wurde, und brachte ihn in einer Abhandlung mit dem Titel „Praktische Vorschläge zur Notwendigkeit, etwas Harmloses und Gesundes bereitzustellen" mit großer Klarheit und Klarheit zum Ausdruck Entspannung für die jungen Adligen Englands." Sein Vorschlag war, dass eine neue Gesellschaft ein Grundstück von mindestens zehn Meilen Länge und vier Meilen Breite erwerben, durch Parlamentsbeschluss eingemeinden und mit einer Ziegelmauer von mindestens zwölf Fuß Breite umgeben sollte Höhe. Er schlug vor, dass es mit Autobahnstraßen, Schlagbäumen, Brücken, Miniaturdörfern und allen Objekten angelegt werden sollte, die zum Komfort und Ruhm der Vierspänner-Clubs beitragen könnten, so dass davon ausgegangen werden könnte, dass sie keiner weiteren Fahrt bedürfen Es. Dieser entzückende Rückzugsort würde mit äußerst geräumigen und weitläufigen Ställen ausgestattet sein, um den Adligen und Adligen, die eine Vorliebe für die Knechtschaft hatten, Komfort zu bieten , und mit Unterhaltungshäusern, die im teuersten und schönsten Stil eingerichtet waren. Es würde außerdem mit ganzen Straßenzügen von Türklopfern und Klingelgriffen in Extragröße ausgestattet sein, die so konstruiert seien, dass sie nachts von den dafür vorgesehenen Wächtern jeden Tag leicht abgerissen und regelmäßig wieder angeschraubt werden könnten. Es würde auch Gaslampen aus echtem Glas geben, die mit vergleichsweise geringem Aufwand pro Dutzend zerbrochen werden könnten, und einen breiten und hübschen Bürgersteig, auf dem die Herren ihre Cabriolets fahren könnten, wenn sie humorvoll darüber verfügten – um dieses Kunststück in vollen Zügen genießen zu können Fußgänger würden vom Arbeitshaus gegen eine sehr geringe Gebühr pro Kopf beschafft werden. Da der Ort umzäunt und sorgfältig vor dem Eindringen der Öffentlichkeit abgeschirmt ist, hätte man nichts dagegen einzuwenden, wenn die Herren jedes Teil ihrer Tracht beiseite legten, das sie als störend für ein angenehmes Vergnügen erachteten, oder sogar ohne Tracht umhergingen überhaupt, wenn ihnen das besser gefallen würde. Kurz gesagt, es würde jede Möglichkeit des Vergnügens geboten, die sich der Gentleman nur wünschen kann. Aber selbst diese Vorteile wären unvollständig, wenn es keine Mittel gäbe, die es dem Adel und dem Adel ermöglichen würden, ihre Tapferkeit unter Beweis zu stellen, wenn sie nach dem Abendessen aufbrechen, und da einige Unannehmlichkeiten entstehen könnten, wenn sie auf die Notwendigkeit des Prügelns reduziert würden Der Erfinder hatte seine Aufmerksamkeit auf den Aufbau einer völlig neuen Polizeitruppe gerichtet, die ausschließlich aus Automatenfiguren bestand und die ihm mit Hilfe des genialen Signor Gagliardi aus Windmill Street am Haymarket gelungen war mit einer solchen Feinheit, dass ein Polizist, ein Taxifahrer oder eine alte Frau, die nach dem Prinzip der ausgestellten Modelle hergestellt wurden, herumlaufen würden, bis sie niedergeschlagen würden, wie jeder echte Mann; mehr noch, wenn die Gestalt von sechs oder acht Adligen oder Herren angegriffen und geschlagen wurde, stieß sie, nachdem sie niedergeschlagen war, verschiedene Stöhne aus, vermischt mit Flehen um Gnade, wodurch die Illusion vollständig und der Genuss vollkommen wurde. Aber auch hier hörte die Erfindung nicht auf; denn es würden Bahnhofsgebäude gebaut, die für die Nacht gute Betten für Adlige und Herren enthielten, und am Morgen würden sie sich in ein geräumiges Polizeibüro begeben, wo eine pantomimische Untersuchung vor den automatisierten Richtern stattfinden würde – ganz lebensecht. – wer würde sie an so vielen Schaltern bestrafen, die ihnen zuvor für diesen Zweck zur Verfügung gestellt worden wären? Dieses Büro würde mit einer schiefen Ebene ausgestattet sein, um jedem Adligen oder Herrn, der sein Pferd als Zeuge mitbringen möchte, dienlich zu sein; und die Gefangenen hätten, wie jetzt, die völlige Freiheit, die Beschwerdeführer so oft zu unterbrechen, wie sie wollten, und alle Bemerkungen zu machen, die sie für richtig hielten. Die Gebühr für diese Vergnügungen würde nur sehr wenig mehr betragen, als sie bereits kosteten, und der Erfinder gab an, dass die vorgeschlagene Regelung der Öffentlichkeit großen Nutzen und Trost bringen würde.

„ Professor Nogo wollte zunächst darüber informiert werden, wie viel automatisierte Polizeitruppe aufgestellt werden soll.

„ Mr. Coppernose antwortete, dass vorgeschlagen wurde, mit sieben Polizeidivisionen mit jeweils 20 Mann zu beginnen, die mit den Buchstaben A bis G gekennzeichnet sind. Es wurde vorgeschlagen, dass nicht mehr als die Hälfte dieser Zahl in den aktiven Dienst gestellt werden sollte und dass der Rest in Regalen im Polizeibüro aufbewahrt werden sollte, um jederzeit abgerufen werden zu können.

Der Präsident zollte dem genialen Herrn, der die Idee hatte, höchste Anerkennung, bezweifelte jedoch, ob die Roboterpolizei den Zweck erfüllen würde. Er fürchtete, dass Adelige und Herren vielleicht die Aufregung brauchen würden, lebende Untertanen zu verprügeln.

„ Herr Coppernose brachte vor, dass es in solchen Fällen in der Regel zehn Adlige oder Herren auf einen Polizisten oder Taxifahrer käme und es für die Aufregung kaum einen Unterschied machen könne, ob der Polizist oder Taxifahrer ein Mann oder ein Block sei . Der große Vorteil wäre, dass einem Polizisten alle Gliedmaßen abgeschlagen werden könnten und er dennoch in der Lage wäre, am nächsten Tag seinen Dienst zu leisten. Vielleicht würde er am nächsten Morgen sogar mit dem Kopf in der Hand seine Aussage machen, und zwar genauso gut.

„ Professor Muff . – Erlauben Sie mir, Sie zu fragen, aus welchen Materialien die Köpfe der Richter bestehen sollen?

„ HERR COPPERNOSE . – Die Richter werden natürlich Holzköpfe haben, und sie werden aus den härtesten und dicksten Materialien hergestellt sein, die man bekommen kann."

„ PROFESSOR MUFF . – Ich bin ganz zufrieden." Das ist eine tolle Erfindung.

„ PROFESSOR NOGO . – Ich sehe nur einen Einwand dagegen." Mir scheint, dass die Richter reden sollten.

MR. Coppernose diesen Vorschlag , berührte er eine kleine Feder in jedem der beiden Richtermodelle, die auf dem Tisch standen; Eine der Gestalten begann sofort mit großer Geschwätzigkeit auszurufen, dass es ihm leid tue, Herren in einer solchen Situation zu sehen, und die andere äußerte die Befürchtung, dass der Polizist betrunken sei.

„Die Sektion erklärte einstimmig unter Beifall, dass die Erfindung abgeschlossen sei; und der Präsident zog sich sehr aufgeregt mit Mr. Coppernose zurück, um es dem Rat vorzulegen. Bei seiner Rückkehr,

„ MR. TICKLE zeigte seine neu erfundene Brille, die es dem Träger ermöglichte, in sehr hellen Farben Objekte in großer Entfernung zu erkennen und ihn für die unmittelbar vor ihm liegenden Objekte völlig blind zu machen. Es sei, sagte er, eine äußerst wertvolle und nützliche Erfindung, die streng auf dem Prinzip des menschlichen Auges basiere.

DER PRÄSIDENT benötigte zu diesem Punkt einige Informationen. Er müsse erst noch erfahren, dass das menschliche Auge die Besonderheiten aufweise, von denen der ehrenwerte Herr gesprochen habe.

„ MR. TICKLE war ziemlich erstaunt, dies zu hören, da dem Präsidenten nicht entgehen konnte, dass eine große Zahl hervorragender Persönlichkeiten und großer Staatsmänner mit bloßem Auge die wundersamsten Schrecken auf den Plantagen in Westindien sehen konnten, während sie im Inneren der Baumwollspinnereien in Manchester überhaupt nichts erkennen konnten. Er musste auch wissen, mit welcher Schnelligkeit die meisten Menschen die Fehler ihrer Nachbarn entdecken konnten und wie blind sie für ihre eigenen waren. Wenn der Präsident in dieser Hinsicht von der großen Mehrheit der Menschen abwich, dann war sein Auge fehlerhaft, und diese Brille wurde hergestellt, um seine Sehkraft zu verbessern.

„ HERR BLANK stellte ein Modell eines modischen Jahrbuchs aus, das aus Kupferplatten, Blattgold und Seidentafeln bestand und vollständig mit Milch und Wasser gearbeitet war.

„ Nachdem HERR PROSEE die Maschine untersucht hatte, erklärte er, sie sei so raffiniert aufgebaut, dass er überhaupt nicht in der Lage sei, herauszufinden, wie sie funktionierte.

„ Herr Blank . – Niemand kann das, und das ist das Schöne daran.

„ Abschnitt C. – Anatomie und Medizin ."

BARRAUM, SCHWARZER JUNGE UND BAUCHSCHMERZEN.

Präsident — Dr. Soemup . *Vizepräsidenten* — Herren Pessell und Mortair .

„ Dr. Grummidge schilderte in diesem Abschnitt einen äußerst interessanten Fall von Monomanie und beschrieb die Behandlung, die er mit großem Erfolg durchgeführt hatte. Die Patientin war eine verheiratete Dame in den mittleren Schichten, die, als sie auf einer Abendgesellschaft eine andere Dame in einem Perlenschmuck sah , plötzlich den Wunsch verspürte, eine ähnliche Ausstattung zu besitzen, obwohl die finanziellen Mittel ihres Mannes bei weitem nicht für die erforderlichen Ausgaben ausreichten. Als ihr Wunsch unerfüllt blieb, wurde sie krank und die Symptome wurden bald so beunruhigend, dass er (Dr. Grummidge) gerufen wurde. Zu dieser Zeit waren die hervorstechendsten Anzeichen der Krankheit Verdrossenheit, eine völlige Unlust, häusliche Pflichten zu erfüllen, große Gereiztheit und äußerste Mattigkeit, außer wenn Perlen erwähnt wurden, wobei sich ihr Puls beschleunigte, die Augen heller wurden, die Pupillen sich erweiterten und die Patientin nach verschiedenen unzusammenhängenden Ausrufen in Tränen ausbrach und ausrief, dass sich niemand um sie kümmere und dass sie sich den Tod wünsche. Als er feststellte, dass der Appetit der Patientin in Gegenwart von Gesellschaft nachließ, verordnete er ihr zunächst völlige Abstinenz von allen Stimulanzien und verbot ihr jede Nahrung außer schwachem Haferbrei. Dann nahm er zwanzig Unzen Blut, legte eine Blase unter jedes Ohr, eine auf die Brust und eine andere auf den Rücken. Nachdem er dies getan und fünf Körner Kalomel verabreicht hatte, überließ er der Patientin ihre Ruhe. Am nächsten Tag war sie etwas niedergeschlagen, aber deutlich besser, und alle Anzeichen einer Reizung waren verschwunden. Am nächsten Tag ging es ihr noch besser, und am nächsten Tag wieder. Am vierten Tag gab es Anzeichen einer Rückkehr der alten Symptome, die sich kaum zeigten, als er ihr eine weitere Dosis Kalomel verabreichte und strenge Anweisungen gab, dass der Kopf der Patientin sofort bis auf die letzte Locke rasiert werden sollte, wenn nicht innerhalb von zwei Stunden eine deutlich positive Veränderung eintrete. Von diesem Moment an begann es ihr besser zu gehen, und in weniger als vierundzwanzig Stunden war sie vollkommen wiederhergestellt. Sie zeigte jetzt nicht die geringste Erregung beim Anblick oder der Erwähnung von Perlen oder anderen Schmuckstücken. Sie war fröhlich und gut gelaunt , und ihr gesamtes Temperament und ihr Zustand hatten sich äußerst positiv verändert .

„ Mr. Pipkin (MRCS) las eine kurze, aber höchst interessante Mitteilung vor, in der er den festen Glauben von Sir William Courtenay, auch bekannt als Thorn, der kürzlich in Canterbury erschossen wurde, an das homöopathische

System zu beweisen suchte. Die Sektion sollte im Auge behalten, dass eine der homöopathischen Lehren besagt, dass infinitesimale Dosen jedes Arzneimittels, das die Krankheit des Patienten verursachte - vorausgesetzt , er befände sich in einem gesunden Zustand - diese heilen würden. Nun war es ein bemerkenswerter Umstand – durch die Beweislage bewiesen –, dass der verstorbene Thorn eine Frau damit beauftragte, ihm den ganzen Tag mit einem Eimer Wasser zu folgen, und ihr versicherte, dass ein Tropfen (ein rein homöopathisches Heilmittel, wie die Sektion feststellen würde), den er nach seinem Tod auf seine Zunge träufelte, ihn gesund machen würde. Was war die offensichtliche Schlussfolgerung? Dass Thorn, der in Weidenbeeten und anderen sumpfigen Orten marschierte und gegenmarschierte, eine Vorahnung hatte, dass er ertrinken würde; In diesem Fall hätte er, wenn seine Anweisungen befolgt worden wären, durch sein eigenes Rezept sofort wieder zum Leben erweckt werden können. Hätte diese Frau oder eine andere Person ihm unmittelbar nach seinem Sturz eine winzige Dosis Blei und Schießpulver verabreicht, wäre er sofort wieder gesund geworden. Leider besaß die betreffende Frau jedoch nicht die Fähigkeit, analog zu denken oder ein Prinzip umzusetzen, und so war der unglückliche Herr der Unwissenheit der Bauern zum Opfer gefallen.

' ABSCHNITT D. – STATISTIK .

Außenklo, schwarzer Junge und Bauchschmerzen.

Präsident – Mr. Slug. *Vizepräsidenten* – Herren Noakes und Styles.

„ MR. KWAKLEY stellte das Ergebnis einiger äußerst raffinierter statistischer Untersuchungen über den Unterschied zwischen dem Wert der Qualifikationen mehrerer Parlamentsmitglieder, wie er der Welt bekannt gegeben wurde, und ihrer wirklichen Art und Höhe dar. Nachdem er die Sektion daran erinnert hatte, dass jedes Parlamentsmitglied einer Stadt oder eines Bezirks ein freies Grundvermögen von dreihundert Pfund pro Jahr besitzen sollte, erregte der ehrenwerte Herr große Belustigung und Gelächter, als er die genaue Höhe des Grundvermögens einer Gruppe von Gesetzgebern nannte, zu der er sich selbst zählte. Aus dieser Tabelle ging hervor, dass die Höhe des Einkommens, das jeder besaß, 0 Pfund, 0 Schilling und 0 Pence betrug, was einen Durchschnitt derselben ergab. (Großes Gelächter.) Es war ziemlich bekannt, dass es entgegenkommende Herren gab, die es gewohnt waren, neue Mitglieder mit vorübergehenden Qualifikationen auszustatten, deren Besitz sie feierlich schworen – natürlich nur der Form halber. Auf der Grundlage dieser *Daten gelangte er zu dem Schluss* , dass es völlig unnötig sei, dass Parlamentsmitglieder überhaupt Eigentum besaßen, insbesondere da die Öffentlichkeit Eigentum viel billiger erwerben könnte, wenn sie keines hätten.

Präsident – Herr Grub. *Vizepräsidenten* – Herren Dull und Dummy.

„Der Sekretär las einen Artikel, in dem ein braunes Pony mit einem Auge beschrieben wurde, das der Autor in einem Metzgerkarren an der Ecke des Newgate Market stehen sah. In der Mitteilung wurde der Autor des Artikels beschrieben, wie er sich im vergangenen Sommer an einem Samstagmorgen im Rahmen einer Handelstätigkeit von Somers Town nach Cheapside begab ; im Verlauf dieser Expedition hatte er die oben beschriebene außergewöhnliche Erscheinung gesehen. Das Pony hatte ein deutlich erkennbares Auge, und sein Freund Captain Blunderbore von den Horse Marines, der den Autor bei seiner Suche unterstützte, hatte ihn darauf hingewiesen, dass es jedes Mal, wenn es mit diesem Auge blinzelte , mit dem Schwanz wedelte (möglicherweise, um die Fliegen zu vertreiben), aber dass es immer gleichzeitig blinzelte und wedelte. Das Tier war mager, schief und wankte; der Autor schlug vor, es der Familie *Fitfordogsmeataurious* zuzuordnen . Es fiel ihm auf, dass es keinen bekannten Fall eines Ponys gab, das über ein klar abgegrenztes und deutlich erkennbares Sehorgan verfügte und gleichzeitig blinzelte und mit dem Schneebesen wedelte.

' HERR . QJ SNUFFLETOFFLE hatte von einem Pony gehört, das mit den Augen zwinkerte, und ebenso von einem Pony, das mit dem Schwanz wedelte, aber ob es zwei Ponys oder dasselbe Pony waren, konnte er nicht mit Bestimmtheit sagen. Auf jeden Fall kannte er keinen nachweisbaren Fall eines gleichzeitigen Zwinkerns und Fischens, und er konnte wirklich nicht umhin, an der Existenz eines so wunderbaren Ponys zu zweifeln, das im Widerspruch zu all den Naturgesetzen stand, denen Ponys unterworfen waren. Bezieht er sich jedoch auf die bloße Frage nach seinem einzigen Sehorgan, könnte er die Möglichkeit annehmen, dass dieses Pony zu der Zeit, als er gesehen wurde, buchstäblich im Halbschlaf war und nur ein Auge geschlossen hatte.

„ DER PRÄSIDENT bemerkte, dass, egal ob das Pony halb schlief oder fest schlief, es keinen Zweifel daran geben könne, dass die Gesellschaft hellwach sei und dass es daher besser sei, das Geschäft hinter sich zu bringen und zum Abendessen zu gehen. Er hatte sicherlich noch nie etwas Vergleichbares zu diesem Pony gesehen, war aber nicht bereit, an seiner Existenz zu zweifeln; denn er hatte zu seiner Zeit viele seltsamere Ponys gesehen, obwohl er nicht vorgab, bemerkenswertere Esel gesehen zu haben als die anderen Herren um ihn herum.

Professor JOHN KETCH wurde dann aufgefordert, den Schädel des verstorbenen Mr. Greenacre auszustellen, den er aus einer blauen Tasche hervorholte, und bemerkte, als er aufgefordert wurde, alle Beobachtungen zu machen, die ihm einfielen, „dass er darauf einschlagen würde." „Hier" hatte der spektakuläre Abschnitt noch nie eine größere Gamer- Bucht gezeigt , noch er vos ."

„Es folgte eine äußerst lebhafte Diskussion über dieses interessante Relikt; und da einige Meinungsverschiedenheiten über den wahren Charakter des verstorbenen Herrn aufkamen, hielt Herr Blubb einen Vortrag über den Schädel vor ihm und zeigte deutlich, dass Herr Greenacre das Organ der Zerstörungskraft in einem äußerst ungewöhnlichen Ausmaß und mit einer äußerst bemerkenswerten Entwicklung besaß des Organs der Schnitzerei . Sir Hookham Snivey war gerade dabei, diese Meinung zu bekämpfen, als Professor Ketch plötzlich die Verhandlung unterbrach, indem er mit großer Aufregung „Walker!" rief.

' DER PRÄSIDENT bettelte darum, den gelehrten Herrn zur Ordnung zu rufen.

„ PROFESSOR KETCH . – „Der Befehl ist verkündet ! Du hast das falsche Un, sage ich dir. Es ist überhaupt kein Thema; Es ist ein Koker -Verrückter, wie mein Schwager ein Schnitzer war , der seine neuen gebackenen Tatur -Stall- Wots, die vor dem Club in der Stadt herkommen , auf den Kopf stellt. Übergeben Sie, wollen Sie?"

„Mit diesen Worten nahm Professor Ketch die Kokosnuss schnell wieder an sich und zog den Schädel hervor, aus Versehen, wegen dem er sie ausgestellt hatte. Es entwickelte sich ein höchst interessantes Gespräch; aber da es letztlich Zweifel gab, ob der Schädel Mr. Greenacre gehörte oder einem Krankenhauspatienten, einem Armen, einem Mann, einer Frau oder einem Affen, kam man zu keinem konkreten Ergebnis."

„Ich kann nicht", sagt unser talentierter Korrespondent abschließend, „ich kann meinen Bericht über diese gigantischen Forschungen und erhabenen und edlen Triumphe nicht beenden, ohne ein *Bonmot* von Professor Woodensconce zu wiederholen , das zeigt, wie die größten Geister gelegentlich lockerer werden, wenn man den zuhörenden Ohren die Wahrheit in eine attraktive und spielerische Form kleidet. Ich stand da, als dieser gelehrte Herr nach einer Woche des Schlemmens und Essens gestern in Begleitung der ganzen Schar wundervoller Männer den Saal betrat, wo ein üppiges Abendessen vorbereitet wurde; wo die erlesensten Weine auf dem Tisch funkelten und fette Böcke – Sühneopfer für die Gelehrsamkeit – ihre wohlschmeckenden Gerüche . „Ah!", sagte Professor Woodensconce und rieb sich die Hände, „das ist der Grund, warum wir uns treffen; das ist es, was uns inspiriert; das ist es, was uns zusammenhält und uns weiterwinkt; das ist die *Verbreitung* der Wissenschaft, und es ist eine herrliche Verbreitung.""

DIE PANTOMIME DES LEBENS

BEVOR wir uns kopfüber in diese Abhandlung stürzen, wollen wir gleich unsere Vorliebe für Pantomimen bekennen – eine sanfte Sympathie für Clowns und Pantalons – eine bedingungslose Bewunderung für Harlekine und Akelei – eine keusche Freude an jeder Handlung ihrer kurzen Existenz, so vielfältig und bunt diese Handlungen auch sind und so unvereinbar sie gelegentlich auch mit den strengen und formellen Anstandsregeln sein mögen, die das Vorgehen niedererer und weniger verständnisvoller Geister regeln. Wir schwelgen in Pantomimen – nicht weil sie unsere Augen mit Lametta und Blattgold blenden; nicht weil sie uns die heißgeliebten mit Kreide bemalten Gesichter und Glubschaugen unserer Kindheit wieder vor Augen führen; nicht einmal, weil wir sie, wie Weihnachten, Dreikönigstag, Faschingsdienstag und der eigene Geburtstag, nur einmal im Jahr erleben – unsere Zuneigung beruht auf einem ernsteren und ganz anderen Grund. Eine Pantomime ist für uns ein Spiegel des Lebens; ja mehr noch, wir behaupten, dass dies für das Publikum im Allgemeinen so ist, auch wenn es sich dessen nicht bewusst ist, und dass genau dieser Umstand der heimliche Grund für seine Belustigung und sein Vergnügen ist.

Nehmen wir ein kleines Beispiel. Die Szene spielt auf einer Straße: Ein älterer Herr mit großem Gesicht und markanten Zügen erscheint. Sein Gesicht strahlt vor einem sonnigen Lächeln und auf seiner breiten, roten Wange hat er ein Grübchen. Er ist offensichtlich ein wohlhabender älterer Herr, der in guten Verhältnissen lebt und in der Welt wohlhabend ist. Er achtet nicht auf die Verschönerung seiner Person, denn er ist reich, um nicht zu sagen auffällig, gekleidet; und dass er sich in angemessenem Maße den Freuden der Tafel hingibt, kann man aus der fröhlichen und öligen Art schließen, mit der er sich den Bauch reibt, um dem Publikum mitzuteilen, dass er nach Hause zum Abendessen geht. In der Fülle seines Herzens, in der eingebildeten Sicherheit des Reichtums, im Besitz und Genuss aller guten Dinge des Lebens verliert der ältere Herr plötzlich den Halt und stolpert. Wie das Publikum tobt! Er wird von einer lauten und aufdringlichen Menge angegriffen, die ihn gnadenlos schlägt und ohrfeigt. Sie schreien vor Vergnügen! Jedes Mal, wenn der ältere Herr versucht aufzustehen, wird er von seinen unerbittlichen Verfolgern wieder niedergeschlagen. Die Zuschauer sind außer sich vor Freude! Und als der ältere Herr schließlich aufsteht und davontaumelt, seines Hutes, seiner Perücke und seiner Kleidung beraubt, selbst in Stücke geschlagen und ohne Uhr und Geld, sind sie erschöpft vor Lachen und bringen ihre Freude und Bewunderung in Beifall zum Ausdruck.

Ist das wie im Leben? Verlegen Sie die Szene in eine echte Straße – an die Börse oder zur City-Bank, in das Kontor eines Kaufmanns oder sogar in den

Laden eines Handwerkers. Sehen Sie, wie einer dieser Männer fällt – je plötzlicher und je näher er dem Höhepunkt seines Stolzes und Reichtums ist, desto besser. Welch wildes Jubeln erhebt der schreiende Mob über seinem liegenden Kadaver ; wie sie jubeln und brüllen, als er gedemütigt unter ihnen liegt! Beachten Sie, wie gierig sie sich auf ihn stürzen, wenn er am Boden liegt, und wie sie ihn verspotten und verhöhnen, wenn er davonschleicht. Das ist die Pantomime bis ins kleinste Detail.

Von allen pantomimischen *dramatis personæ* halten wir den Pantalon für den wertlosesten und ausschweifendsten. Unabhängig von der Abneigung, die man natürlich empfindet, wenn man sieht, wie ein Gentleman seines Alters sich mit Beschäftigungen beschäftigt, die seinem Ernst und seiner Lebenszeit höchst unwürdig sind, können wir uns die Tatsache nicht verheimlichen, dass er ein verräterischer, weltgewandter alter Bösewicht ist, der seinen jüngeren Begleiter ständig verführt , der Clown, in Betrugshandlungen oder geringfügige Diebstähle verwickelt ist und im Allgemeinen abseits steht, um das Ergebnis des Unternehmens zu beobachten. Wenn es gelingt, vergisst er nie, seinen Anteil an der Beute zurückzuholen; aber wenn es fehlschlägt , zieht er sich im Allgemeinen mit bemerkenswerter Vorsicht und Schnelligkeit zurück und hält sich sorgfältig zurück, bis die Angelegenheit vorbei ist. Auch seine Liebesneigungen sind überaus unangenehm; und seine Art, mittags auf offener Straße Damen anzusprechen, ist geradezu unangemessen und besteht meist nicht mehr und nicht weniger als ein wahrnehmbares Kitzeln der oben genannten Damen in der Taille, nach dessen Begehung er offensichtlich beschämt zurückschreckt (wie Nun ja, vielleicht liegt er an seiner eigenen Unanständigkeit und Kühnheit; Dennoch fuhren sie fort, sie aus der Ferne auf sehr unangenehme und unmoralische Weise anzustarren und ihnen zuzuwinken.

Gibt es einen Mann, der in seinem sozialen Umfeld nicht ein Dutzend Pantalons zählen kann? Gibt es einen Mann, der sie nicht an einem sonnigen Tag oder einem Sommerabend am Westende der Stadt schwärmen gesehen hat, wie sie die letztgenannten pantomimischen Kunststücke mit so viel alkoholischer Energie und so völliger Abwesenheit von Zurückhaltung vollführten, als ob? sie waren auf der Bühne selbst? Wir können an unseren Fingern ein Dutzend Pantalons erkennen, die wir in diesem Moment kennen – kapitale Pantalons, die seit Jahren zur großen Belustigung ihrer Freunde und Bekannten alle möglichen seltsamen Freaks vollführen; und die bis heute so komische und erfolglose Versuche unternehmen, jung und ausschweifend zu sein, dass alle Betrachter vor Lachen sterben.

Café de l'Europe am Haymarket kommt , wo er auf Kosten des jungen Mannes aus der Stadt gespeist hat, dem er beim Abschied an der Tür der Taverne die Hand schüttelt. Die gekünstelte Wärme dieses Händedrucks, das höfliche Nicken, die offensichtliche Erinnerung an das Abendessen, die herzhaften dessen Geschmack noch immer auf seinen Lippen hängt, sind alles Merkmale seines großen Vorbilds. Er humpelt davon, summt eine Opernmelodie und wirbelt seinen Stock mit gespielter Sorglosigkeit hin und her . Plötzlich bleibt er stehen – es ist das Fenster der Modistin. Er blickt durch eine der großen Glasscheiben, und da ihm die indischen Schals die Sicht auf die Damen im Laden versperren, richtet er seine Aufmerksamkeit auf das junge Mädchen mit der Hutschachtel in der Hand, das ebenfalls durch das Fenster blickt. Sieh! Er tritt an ihre Seite. Er hustet, sie wendet sich von ihm ab. Er nähert sich ihr wieder, sie beachtet ihn nicht. Er schlägt sie vergnügt unters Kinn, tritt ein paar Schritte zurück, nickt und winkt mit phantastischen Grimassen, während das Mädchen einen verächtlichen und hochmütigen Blick auf sein faltiges Gesicht wirft. Sie wendet sich mit einer Volant ab, und der alte Herr trottet ihr mit einem zahnlosen Kichern hinterher. Die Pantalone zum Leben!

Aber die große Ähnlichkeit, die die Clowns auf der Bühne mit denen des Alltags haben, ist absolut außergewöhnlich. Manche Leute sprechen mit einem Seufzer vom Niedergang der Pantomime und murmeln in leiser und düsterer Stimme den Namen Grimaldi. Wir meinen den würdigen und hervorragenden alten Mann nicht herabwürdigend, wenn wir sagen, dass dies völliger Unsinn ist. Jeden Tag tauchen Clowns auf, die Grimaldi um Längen schlagen, und niemand unterstützt sie – schade!

Osbaldistone mit schmutzigem Gesicht , legt das Verschiedenes nieder, als er so weit gekommen ist, und wirft der freien Stelle einen äußerst wissenden Blick zu; „Du meinst CJ Smith, genauso wie Guy Fawkes und George Barnwell im Garden.“ Der Herr mit dem schmutzigen Gesicht hat die Worte kaum ausgesprochen, als er von einem jungen Herrn ohne Hemdkragen und in einem Petersham- Mantel unterbrochen wird. „Nein, nein“, sagt der junge Herr; „er meint Brown, King und Gibson im ‚Delphi‘.“ Nun, mit großer Hochachtung sowohl vor dem erstgenannten Herrn mit dem schmutzigen Gesicht als auch vor dem letztgenannten Herrn mit dem nicht vorhandenen Hemdkragen, meinen wir *weder* den Darsteller, der den papistischen Verschwörer so grotesk burleskierte, noch die drei Unveränderliche , die seit etwa fünf oder sechs Jahren denselben Tanz unter verschiedenen imposanten Titeln tanzen und dasselbe unter verschiedenen hochklingenden Namen tun . Kaum haben wir dieses Bekenntnis abgelegt, fragt sich die Öffentlichkeit, die bisher stille Zeuge des Streits war, was zum Teufel wir eigentlich *meinen* ; und mit angemessenem Respekt erzählen wir es ihnen.

Allen Theaterbesuchern und Pantomime-Schauern ist wohlbekannt, dass die Szenen, in denen ein Theaterclown auf dem Höhepunkt seines Ruhms steht, in den Theaterzetteln als „Käseladen und Geschirrlager“ oder „Käseladen und Geschirrlager“ beschrieben werden . „Schneiderei und Mrs. Queertables Pension“ oder Orte, die einen solchen Titel tragen, wo der große Spaß der

Sache darin besteht, dass der Held eine Unterkunft nimmt, für die er nicht die geringste Absicht hat, zu bezahlen, oder unter falschen Vorwänden Waren beschafft . oder er raubte dem angesehenen Ladenbesitzer von nebenan die Warenbestände, oder er beraubte die Lagerträger, die unter seinem Fenster hindurchgingen, oder, um den Katalog abzukürzen, er betrog jeden, den er nur konnte, und es bleibt nur noch zu bemerken, dass der Je umfassender der Schwindel ist und je unverschämter die Frechheit des Betrügers ist, desto größer ist die Verzückung und Ekstase des Publikums. Nun ist es eine höchst bemerkenswerte Tatsache, dass genau so etwas im wirklichen Leben Tag für Tag passiert und niemand den Humor darin erkennt. Lassen Sie uns unsere Position veranschaulichen, indem wir die Handlung dieses Teils der Pantomime detailliert beschreiben – nicht des Theaters, sondern des Lebens.

Der ehrenwerte Captain Fitz-Whisker Fiercy , begleitet von seinem livrierten Diener Do'em - ein höchst respektabler Diener, der im Dienste der Familie des Captains ergraut ist - besichtigt das unmöblierte Haus, diese oder jene Nummer, diese oder jene Straße, und verschafft sich schließlich seinen Besitz. Alle Händler in der Nachbarschaft konkurrieren verzweifelt um die Kundschaft des Captains. Der Captain ist ein gutmütiger, gutherziger, umgänglicher Mann, und um niemanden zu enttäuschen, erteilt er allen aufs großzügigste Befehle. Körbe mit Wein, Körbe mit Proviant, Karrenladungen mit Möbeln, Kisten mit Schmuck , Vorräte an Luxusgütern der teuersten Art strömen zum Haus des ehrenwerten Captain Fitz-Whisker Fiercy , wo sie von dem höchst respektablen Do'em mit größter Bereitschaft empfangen werden . während der Hauptmann selbst mit jener Mischung aus bewusster Überlegenheit und allgemeiner Blutrünstigkeit herumstolziert und angeberisch daherkommt, die ein Militärhauptmann immer zur Schau stellen sollte und meistens auch an den Tag legt, zur Bewunderung und zum Schrecken des Plebejers. Aber kaum haben die Händler sich umgedreht, als der Hauptmann mit der ganzen Exzentrizität eines mächtigen Geistes und unterstützt von dem treuen Do'em , dessen hingebungsvolle Treue nicht die geringste rührende Eigenschaft seines Charakters ist, alles mit großem Vorteil verwertet; denn obwohl die Artikel nur geringe Summen einbringen, werden sie dennoch erheblich über dem Selbstkostenpreis verkauft, da sie den Hauptmann überhaupt nichts gekostet haben. Nach verschiedenen Manövern fliegt der Betrug auf, Fitz- Fiercy und Do'em werden als Komplizen erkannt und das Polizeibüro, zu dem sie beide gebracht werden, wimmelt von ihren Betrogenen.

Wer kann darin nicht das genaue Gegenstück zum besten Teil einer Theaterpantomime erkennen – Fitz-Whisker Fiercy vom Clown, Do'em vom Pantalon und Statisten von den Händlern? Und das Beste an dem Witz ist, dass der Kohlenhändler, der sich am lautesten über die Person beschwert, die ihn betrogen hat, derselbe Mann ist, der gestern Abend in der Mitte der ersten Reihe des Grubengebäudes saß und am lautesten über genau diese Sache lachte – und das auch nicht so gut gemacht. Apropos Grimaldi, sagen wir noch einmal! Hat Grimaldi in seinen besten Tagen jemals etwas in dieser Art getan, das Da Costa gleichkam?

Die Erwähnung dieses zu Recht gefeierten Clowns erinnert uns an seinen letzten Scherz , als er sich auf betrügerische Weise bestimmte gestempelte Annahmeerklärungen von einem jungen Soldaten verschaffte. Wir hatten unsere Feder kaum niedergelegt, um ein paar Augenblicke lang zuzuschauen, wie dieser bewundernswerte Schauspieler diesen exquisiten Scherz vorführte, als uns plötzlich ein neuer Zweig unseres Themas in den Sinn kam. Also greifen wir es sofort wieder auf.

Alle Menschen, die hinter den Kulissen gestanden haben, und die meisten Menschen, die davor gestanden haben, wissen, dass in der Darstellung einer Pantomime viele Männer mit dem ausdrücklichen Ziel auf die Bühne geschickt werden, betrogen oder niedergeschlagen zu werden beide. Bis vor Kurzem hatten wir nie verstanden, welchen Zweck eine große Anzahl seltsamer, fauler, großköpfiger Männer haben könnte, denen man hier und da und überall zu begegnen pflegt wurde erstellt. Wir sehen jetzt alles. Sie sind die Statisten in der Pantomime des Lebens; die Männer, die hineingeworfen wurden, mit keinem anderen Ziel, als ständig übereinander zu stolpern und ihre Köpfe gegen alle möglichen seltsamen Dinge zu stoßen. Erst letzte Woche saßen wir einem dieser Männer beim Abendessen gegenüber. Wenn wir darüber nachdenken, war er genau wie die Herren mit den Pappköpfen und -gesichtern, die in den Theaterpantomimen das entsprechende Geschäft machen; da war derselbe breite, träge, affektierte Blick – das gleiche stumpfe, bleierne Auge – derselbe bedeutungslose, leere Blick; und was auch immer gesagt oder getan wurde, er kam immer genau an der falschen Stelle oder stieß gegen etwas, mit dem er nicht das geringste zu tun hatte. Wir sahen den Mann auf der anderen Seite des Tisches immer wieder an; und konnten uns nicht entscheiden, welcher Rasse von Wesen wir ihn zuordnen sollten. Wie seltsam, dass uns das noch nie zuvor in den Sinn gekommen ist!

Wir müssen offen zugeben, dass uns der Harlekin große Sorgen bereitet hat. Wir sehen Harlekine in so vielen Arten in der echten lebenden Pantomime, dass wir kaum wissen, welchen wir als den richtigen seiner Theatergenossen auswählen sollen. Früher waren wir geneigt zu glauben, dass der Harlekin weder mehr noch weniger war als ein junger Mann aus Familie und unabhängigem Besitz, der mit einer Operntänzerin durchgebrannt war und sein Leben und seine Mittel mit leichten und trivialen Vergnügungen verschwendete . Beim Nachdenken erinnerten wir uns jedoch daran, dass sich Harlekine gelegentlich geistreicher und sogar kluger Taten schuldig machen, und wir sind eher geneigt, unsere jungen Männer aus Familie und unabhängigem Besitz im Allgemeinen von solchen Vergehen freizusprechen . Bei einer genaueren Betrachtung des Themas sind wir zu dem Schluss gekommen, dass die Harlekine des Lebens einfach gewöhnliche Menschen sind, die keinem bestimmten Stand oder Grad angehören und denen eine bestimmte Stellung oder ein bestimmtes Zusammentreffen von Umständen die Magie verleiht Zauberstab. Und das bringt uns zu ein paar Worten über die Pantomime des öffentlichen und politischen Lebens, die wir gleich sagen und dann zum Schluss bringen werden – wobei wir an dieser Stelle lediglich voraussetzen, dass wir jegliche Bezugnahme auf die Akelei ablehnen, da wir uns damit in keiner Weise zufrieden geben Art ihrer Verbindung zu ihrem farbigen Liebhaber und wir sind uns keineswegs darüber im Klaren, ob wir berechtigt sein sollten, sie den tugendhaften und respektablen Damen vorzustellen, die unsere Gedanken lesen .

Wir gehen davon aus, dass der Beginn einer Parlamentssitzung nicht mehr und nicht weniger ist als das Aufziehen des Vorhangs für eine großartige komische Pantomime, und dass die gnädigste Rede Seiner Majestät zu deren Eröffnung nicht unpassend mit der Eröffnungsrede des Clowns verglichen werden kann von „Hier sind wir!" „Meine Herren und Herren, hier sind wir!" scheint, zumindest unserer Meinung nach, eine sehr gute Zusammenfassung des Sinns und der Bedeutung der Versöhnungsrede des Ministeriums zu sein. Wenn wir uns daran erinnern, wie oft diese Rede gehalten wird, auch unmittelbar nach *der Änderung* , ist die Parallele ganz perfekt und noch einzigartiger.

Vielleicht war die Besetzung unserer politischen Pantomime nie reicher als heute. Besonders stark sind wir bei Clowns. Wir sollten sagen, dass wir noch nie zuvor so erstaunliche Trinker oder Künstler hatten, die so bereit waren, zur Belustigung einer bewundernden Menge ihre ganzen Kunststücke aufzuführen. Ihre extreme Ausstellungsbereitschaft hat in der Tat zu manchen bösartigen Überlegungen Anlass gegeben; Es wurde eingewandt, dass sie sich durch unentgeltliche Auftritte im ganzen Land, wenn das Theater geschlossen ist, auf das Niveau von Gaunern herabsetzen und dadurch dazu neigen, die Seriosität des Berufsstandes zu beeinträchtigen. Sicherlich hat Grimaldi so etwas nie getan; und obwohl Brown, King und Gibson in den Ferien nach Surrey gefahren sind und Mr. CJ Smith sich in Sadler's Wells auf dem Land niedergelassen hat , finden wir keinen theatralischen Präzedenzfall für einen General, der durch das Land stolpert, außer in dem Herrn, dessen Name unbekannt ist Er warf Summersets im Namen des verstorbenen Mr. Richardson und ist auch keine Autorität, da er nie in den regulären Gremien war.

Aber wenn wir diese Frage beiseite lassen, die letztlich reine Geschmackssache ist, können wir mit Stolz und Freude über die Fähigkeiten unserer Clowns nachdenken, die sie in dieser Saison gezeigt haben. Abend für Abend wirbeln und wirbeln sie herum, bis zwei, drei und vier Uhr morgens, spielen die seltsamsten Mätzchen und geben sich gegenseitig die komischsten Ohrfeigen, die man sich nur vorstellen kann, ohne auch nur die geringsten Anzeichen von Ermüdung zu zeigen. Die seltsamen Geräusche, die Verwirrung, das Geschrei und Brüllen, unter denen all dies geschieht, würden auch die turbulenteste Sixpenny-Galerie beschämen, die jemals während einer Boxnacht gebrüllt hat.

Es ist besonders merkwürdig zu sehen, wie einer dieser Clowns durch den unwiderstehlichen Einfluss des Amtsstabes, den sein Anführer oder Harlekin über seinen Kopf hält, zu den überraschendsten Verrenkungen gezwungen wird. Wenn dieser wunderbare Zauber auf ihn einwirkt, wird er völlig bewegungslos, bewegt weder Hand noch Fuß noch Finger und verliert sogar augenblicklich die Fähigkeit zu sprechen; oder andererseits wird er, wenn es nötig ist, ganz zum Leben und zum Leben erwachen, indem er einen Schwall sinn- und bedeutungsloser Worte ausschüttet, sich in die wildesten und phantastischsten Verrenkungen stürzt und sogar auf der Erde kriecht und den Staub aufleckt. Diese Ausstellungen sind eher neugierig als erfreulich; Tatsächlich sind sie eher abstoßend als sonst, außer für die Bewunderer solcher Dinge, mit denen wir zugeben, dass wir keine Mitgefühle haben.

Seltsame Tricks – sehr seltsame Tricks – werden auch von dem Harlekin vorgeführt, der den eben erwähnten Zauberstab gerade in der Hand hält. Das bloße Schwenken vor den Augen eines Mannes befreit sein Gehirn von allen zuvor darin gespeicherten Vorstellungen und füllt es mit einer völlig neuen Reihe von Ideen; ein sanfter Schlag auf den Rücken verändert die Farbe des Mantels eines Mannes vollständig; und es gibt einige Experten, die diesen Zauberstab erst auf der einen und dann auf der anderen Seite halten und von einer Seite auf die andere wechseln und dabei ihren Mantel bei jeder Bewegung so schnell und geschickt drehen, dass das schärfste Auge ihre Bewegungen kaum erkennen kann. Gelegentlich entreißt das Genie, das den Zauberstab überreicht, ihn dem vorübergehenden Besitzer aus der Hand und übergibt ihn einem neuen Darsteller; bei diesen Gelegenheiten wechseln alle Charaktere die Seiten, und dann beginnt das Rennen und die harten Schläge von neuem.

Wir hätten dieses Kapitel noch viel länger machen können – wir hätten den Vergleich auf die freien Berufe ausdehnen können – wir hätten zeigen können, wie es tatsächlich unser ursprüngliches Ziel war, dass jeder von ihnen eine kleine Pantomime mit eigenen Szenen und Charakteren ist, aber da wir befürchten, dass wir schon recht ausführlich genug waren, lassen wir dieses Kapitel einfach so stehen. Ein Gentleman, der als dramatischer Dichter nicht ganz unbekannt war, schrieb vor ein oder zwei Jahren Folgendes:

„Die ganze Welt ist eine Bühne,
und alle Männer und Frauen sind bloße Spieler."

und wir, die wir seinen Schritten in der kaum der Rede werten Entfernung
von einigen Millionen Meilen folgen, wagen im Wege einer neuen Lesart
hinzuzufügen, dass er eine Pantomime meinte und dass wir alle Schauspieler
in der Pantomime des Lebens sind.

EINIGE ANGABEN ÜBER EINEN LÖWEN

WIR haben großen Respekt vor Löwen im Allgemeinen. Wie die meisten anderen Menschen haben wir viele Beispiele ihrer Tapferkeit und Großzügigkeit gehört und gelesen. Wir haben diese heroische Selbstverleugnung und bezaubernde Menschenfreundlichkeit, die sie dazu bringt, niemals Menschen zu fressen, außer wenn sie hungrig sind, gebührend bewundert, und wir waren tief beeindruckt von der Höflichkeit, die sie gegenüber unverheirateten Damen eines bestimmten Standes an den Tag legen. Alle Naturgeschichten wimmeln von Anekdoten, die ihre hervorragenden Eigenschaften veranschaulichen; und insbesondere ein altes Buchstabierbuch berichtet von einem rührenden Beispiel eines alten Löwen von hoher moralischer Würde und strengen Grundsätzen, der es als seine zwingende Pflicht ansah, einen jungen Mann zu verschlingen, der sich die Angewohnheit des Fluchens zugelegt hatte, um der heranwachsenden Generation ein eindrucksvolles Beispiel zu geben.

All dies ist äußerst angenehm zu betrachten und spricht in der Tat sehr für Löwen als Masse. Wir müssen jedoch feststellen, dass einzelne Löwen, denen wir zufällig begegnet sind, keine sehr auffälligen Merkmale aufwiesen und nicht dem ritterlichen Charakter entsprachen, den ihre Chronisten ihnen zuschrieben. Wir haben sicherlich nie einen Löwen in seinem sogenannten natürlichen Zustand gesehen; das heißt, wir haben nie einen Löwen getroffen, der in einem Wald spazieren ging oder in seiner Höhle unter der tropischen Sonne kauert und wartet, bis sein Abendessen zufällig frisch vom Bäcker kommt. Aber wir haben einige gesehen, die unter dem Einfluss der Gefangenschaft und dem Druck des Unglücks standen; und wir müssen sagen, dass sie uns als sehr apathische, schwerfällige Kerle erschienen.

Zum Beispiel der Löwe im Zoologischen Garten. Ihm geht es sehr gut; er hat eine unbestreitbare Mähne und sieht sehr wild aus; aber, Herr segne uns! Was ist damit? Die Löwen der Modewelt sehen genauso wild aus und sind die harmlosesten atmenden Kreaturen. Ein Löwe in der Logenhalle oder ein Tier in der Regent Street wird ein höchst schreckliches Aussehen annehmen und furchtbar brüllen, wenn man ihn beleidigt; aber er wird niemals beißen, und wenn Sie ihm anbieten, ihn mannhaft anzugreifen, wird er sich förmlich abwenden und sich davonschleichen. Zweifellos streifen diese Tiere manchmal in Herden umher, und wenn sie auf einen besonders sanftmütigen und friedlich gesinnten Artgenossen treffen, werden sie versuchen , ihn zu erschrecken; aber selbst dann reicht schon der leiseste Anschein eines heftigen Widerstands aus, um sie zu erschrecken. Das sind angenehme Eigenschaften, wohingegen wir dem zoologischen Löwen und seinen Jahrmarktsbrüdern deutlich vorwerfen, dass es sich um schläfrige, verträumte, träge Vierbeiner handelt.

Wir können uns nicht erinnern, jemals einen von ihnen völlig wach gesehen zu haben, außer zur Fütterungszeit. In jeder Hinsicht unterstützen wir die zweibeinigen Löwen gegenüber ihren vierfüßigen Namensvettern und stellen uns der Kontroverse zu diesem Thema mutig entgegen.

Angesichts dieser Meinungen kann man sich leicht vorstellen, dass unsere Neugier und unser Interesse neulich sehr erregt waren, als eine Dame aus unserem Bekanntenkreis uns besuchte und sich entschieden weigerte, unsere Ablehnung ihrer Einladung zu einer Abendgesellschaft anzunehmen; „Denn", sagte sie, „ich habe einen Löwen im Kommen." Wir widerriefen sofort unsere Bitte um eine frühere Verabredung und wollten unbedingt gehen, wie wir es zuvor getan hatten, wegzubleiben.

Wir gingen früh los und postierten uns in einem geeigneten Teil des Salons, von wo aus wir hoffen konnten, einen guten Blick auf das interessante Tier zu erhaschen. Zwei oder drei Stunden vergingen, die Quadrillen begannen, der Raum füllte sich, aber kein Löwe erschien. Die Dame des Hauses wurde untröstlich – denn es ist eines der besonderen Vorrechte dieser Löwen, feierliche Verabredungen zu treffen und sie nie einzuhalten –, als es plötzlich ein gewaltiges Doppelklopfen an der Haustür gab und der Herr des Hauses, nachdem er hinausgeschlichen war (unbemerkt, wie er sich schmeichelte), um über das Treppengeländer zu spähen, ins Zimmer kam, sich vor lauter Freude die Hände rieb und mit sehr wichtiger Stimme ausrief: „Mein lieber Herr – (er nannte den Löwen) dieser Moment ist gekommen."

Daraufhin richteten sich alle Augen auf die Tür, und wir sahen, wie mehrere junge Damen, die zuvor mit großer Fröhlichkeit und guter Laune gelacht und sich unterhalten hatten , äußerst ruhig und sentimental wurden; während einige junge Herren, die sich durch ihre Scherzhaftigkeit und Smalltalk hervorgetan hatten, plötzlich ganz offensichtlich in der Wertschätzung der Gesellschaft versanken und mit großer Kälte und Gleichgültigkeit betrachtet wurden. Sogar der junge Mann, dem man aus dem Musikgeschäft den Auftrag gegeben hatte, Klavier zu spielen, war sichtlich betroffen und schlug vor lauter Aufregung mehrere falsche Töne an.

Die ganze Zeit über wurde draußen viel geredet, mehr als einmal begleitet von lautem Lachen und dem Ruf „Oh!" Hauptstadt! exzellent!' Daraus schlossen wir, dass der Löwe scherzhaft war und dass diese Ausrufe durch die Entrücktheit seines Hüters und unseres Gastgebers verursacht wurden. Wir wurden auch nicht getäuscht; Denn als der Löwe endlich erschien, hörten wir, wie sein Hüter, der ein kleiner, adretten Mann war, mit erhobenen Händen und jedem Ausdruck halb unterdrückter Bewunderung mehreren Herren aus seinem Bekanntenkreis zuflüsterte, dass – (er nannte den Löwen noch einmal) war in *solch einem* Stichwort heute Abend!

Der Löwe war ein literarischer Löwe. Natürlich waren viele Leute anwesend, die sein Brüllen bewundert hatten und ihn unbedingt kennenlernen wollten. Es war sehr erfreulich zu sehen, wie sie zu diesem Zweck heraufgebracht wurden, und die geduldige Würde zu beobachten, mit der er all ihr Streicheln und Liebkosen empfing. Dies rief uns eindringlich in Erinnerung, was wir so oft auf Jahrmärkten erlebt hatten , wo die anderen Löwen gezwungen sind, so viele Höflichkeitsgesten zu zeigen, wie sie zufällig zu sehen bekommen, und zwar genau so oft, wie bewundernde Gäste bei ihnen vorbeischauen.

Während der Löwe sich auf diese Weise zur Schau stellte, war sein Hüter nicht untätig, denn er mischte sich unter die Menge und verbreitete eifrig sein Lob. Einem Herrn flüsterte er etwas sehr Erlesenes zu, was das edle Tier gerade beim Heraufkommen der Treppe gesagt hatte, was die geistige Anstrengung natürlich noch erstaunlicher machte; einem anderen murmelte er einen hastigen Bericht über ein großes Abendessen, das am Tag zuvor stattgefunden hatte, bei dem siebenundzwanzig Herren auf einmal aufgestanden waren, um einen zusätzlichen Beifall für den Löwen zu fordern; und den Damen machte er verschiedene Versprechungen, für die Beschaffung des Signierhandbuchs des majestätischen Tieres für ihre Alben einzutreten. Dann gab es in verschiedenen Ecken kleine private Beratungen über das persönliche Aussehen und die Statur des Löwen; ob er kleiner war, als sie erwartet hatten, oder größer, oder dünner, oder dicker, oder jünger, oder älter; ob er seinem Porträt glich oder ihm unähnlich war; und ob die besondere Schattierung seiner Augen schwarz oder blau oder haselnussbraun oder grün oder gelb oder eine Mischung war. Bei all diesen Beratungen half der Wärter; und kurz gesagt, der Löwe war das einzige und einzige Gesprächsthema, bis sie ihn zum Pfeifen hinsetzten, und dann verfielen die Leute wieder auf ihre alten Gesprächsthemen – sich selbst und einander.

Wir müssen gestehen, dass wir der Ankündigung des Abendessens mit nicht geringer Ungeduld entgegensahen; denn wenn Sie einen zahmen Löwen unter besonders günstigen Umständen sehen möchten, ist die Fütterungszeit die beste Zeit, die Sie wählen sollten. Wir waren daher sehr erfreut, eine Sensation unter den Gästen zu beobachten, die wir gut zu deuten wussten, und gleich darauf zu sehen, wie der Löwe die Dame des Hauses die Treppe hinunter begleitete. Wir boten einer älteren Dame aus unserer Bekanntschaft unseren Arm, die – liebe alte Seele! – die beste Person ist, die je gelebt hat, um sie zu irgendeiner Mahlzeit hinunterzuführen; denn sei der Raum noch so klein oder die Gesellschaft noch so groß, sie ist sicher, durch eine intuitive Wahrnehmung der Berechtigten, sich selbst zu drängen und zu ziehen und sich an die besten Gerichte auf dem Tisch heranzuführen; – wir sagen, wir boten dieser älteren Dame unseren Arm und, als wir kurz nach dem Löwen die Treppe hinuntergingen, hatten wir das Glück, einen Platz fast ihm gegenüber zu bekommen.

Natürlich war der Wärter schon da. Er hatte sich genau in der Entfernung von seinem Schützling aufgestellt, die ihm einen guten Vorwand bot, seine Stimme zu erheben, als er ihn ansprach, und zwar so laut, dass er die Aufmerksamkeit der ganzen Gesellschaft auf sich ziehen musste, und er begann sofort, sich ernsthaft der Aufgabe zu widmen, den Löwen herauszuholen und ihm all seine Manöver zu zeigen. Was für geistreiche Einfälle er dem Löwen entlockte! Zuerst fingen sie an, Wortspiele über ein Salzfässchen zu machen, und dann über die Brust eines Huhns und dann über die Kleinigkeit; aber die besten Witze von allen drehten sich eindeutig um den Hummersalat, bei dem der Löwe sich am energischsten ausließ und sich nach Meinung der kompetentesten Experten selbst übertraf. Dies ist eine sehr hervorragende Methode, in der Gesellschaft zu glänzen, und basiert unserer bescheidenen Ansicht nach auf dem klassischen Modell der Dialoge zwischen Mr. Punch und seinem Freund, dem Eigentümer, wobei letzterer die ganze mühsame Arbeit übernimmt und sich damit begnügt, die Witze und Schlagabtausche von Mr. P. selbst zu leiten, der damit stets große Anerkennung erlangt und viel Gelächter hervorruft. Worauf auch immer es basiert, wir empfehlen es allen Löwen, den jetzigen und den zukünftigen, denn in diesem Fall hat es Bewunderung hervorgerufen und die gesamte Zuhörerschaft vollkommen geblendet.

Als das Salzfass, die Geflügelbrust, die Kleinigkeit und der Hummersalat alle erschöpft waren und sich keinen Platz mehr für einen weiteren einsamen Witz boten, vollbrachte der Hüter das sehr gefährliche Kunststück, das bei manchen noch immer vorkommt Karawanenlöwen, obwohl es in einem Fall tödlich endete, indem er seinen Kopf in das Maul des Tieres steckte und sich völlig seiner Gnade auslieferte. Boswell präsentiert häufig ein trauriges Beispiel für die beklagenswerten Ergebnisse dieser Leistung, und andere Hüter und Schakale wurden für ihren Wagemut schrecklich verletzt. Es ist unserem Löwen zu verdanken, dass er sich auf die sanfteste Art herablassen ließ, mit ihm herumzuspielen , und schließlich mit dem Schausteller in einer Droschke nach Hause fuhr: völlig friedlich, aber etwas verwöhnt.

Da wir in nachdenklicher Stimmung waren, wurden wir auf dem Heimweg dazu verleitet, einige Überlegungen über den Charakter und das Verhalten dieser Löwengattung anzustellen, und es dauerte nicht lange, bis wir zu dem Schluss kamen, dass unser früherer Eindruck zu ihren Gunsten durch das, was wir kürzlich gesehen hatten, sehr verstärkt und bestätigt worden war. Während die anderen Löwen Gesellschaft und Komplimente auf mürrische, launische, um nicht zu sagen knurrende Weise entgegennehmen, scheinen diese durch die ihnen entgegengebrachte Aufmerksamkeit geschmeichelt zu sein; während jene sich nach Kräften vor den Blicken des Volkes verbergen, buhlen diese um die Aufmerksamkeit des Volkes und sind, anders als ihre Brüder, die nur durch Zwang zu Anstrengungen bewegt werden, stets bereit, der staunenden Menge ihre Kenntnisse vorzuführen. Wir haben Bären von zweifellosem Können gekannt, die sich, wenn die Erwartungen eines großen Publikums aufs Äußerste geweckt waren, kategorisch weigerten zu tanzen; gut erzogene Affen, die sich aus unerklärlichen Gründen dagegen wehrten, auf dem schlaffen Draht vorzuführen; und Elefanten von unbestrittener Genialität, die sich plötzlich geweigert haben, die Drehorgel zu drehen; doch wir haben nie von einem zweibeinigen Löwen gehört oder gehört, weder in der Literatur noch sonst in der Literatur, und wir stellen dies als eine Tatsache fest, die der gesamten Spezies höchste Ehre macht, der nicht, wenn sich eine Gelegenheit bot, mit Begierde jede sich ihm bietende Gelegenheit ergriff, nach Herzenslust auf der ersten Geige zu spielen.

HERR. ROBERT BOLTON
DER „GENTLEMAN IN VERBINDUNG MIT DER PRESSE"

IM Salon des Green Dragon, einem Wirtshaus in unmittelbarer Nähe der Westminster Bridge, spricht jeden Abend jeder über Politik . Die große politische Autorität ist dabei Mr. Robert Bolton, ein Mann, der sich selbst als „einen mit der Presse verbundenen Gentleman" bezeichnet, was eine besonders unbestimmte Definition ist. Mr. Robert Boltons regelmäßiger Kreis von Bewunderern und Zuhörern besteht aus einem Bestatter, einem Gemüsehändler, einem Friseur, einem Bäcker, einem großen Bauch, über dem ein Männerkopf sitzt und der auf zwei besonders kurzen Beinen sitzt, und einem dünnen Mann in Schwarz, dessen Name, Beruf und Tätigkeit unbekannt sind, der immer in derselben Position sitzt, immer dasselbe lange, ausdruckslose Gesicht zeigt und, umgeben von der enthusiastischsten Unterhaltung, seine Lippen nie öffnet, außer um eine Menge Tabakrauch auszustoßen oder ein sehr knackiges, lautes und schrilles Geplapper von sich zu geben ! Das Gespräch dreht sich manchmal um Literatur, da Mr. Bolton eine literarische Persönlichkeit ist, und immer um die Neuigkeiten des Tages, die ausschließlich dieser talentierte Mann kennt. Ich befand mich (natürlich zufällig) neulich Abend im Grünen Drachen, und da mich das folgende Gespräch einigermaßen amüsierte, habe ich es aufbewahrt.

„Kannst du mir bis Weihnachten einen Zehn-Pfund-Schein leihen?" fragte der Friseur des Magens.

„Wo ist Ihre Sicherheit, Mr. Clip?"

„Mein Handelsbestand – davon gibt es genug, denke ich, Mr. Thicknesse ." Etwa fünfzig Perücken, zwei Stangen, ein halbes Dutzend Kopfblöcke und ein toter Bruin.'

„Nein, dann werde ich das nicht tun", knurrte Thicknesse . „Ich vertraue weder den Whigs noch den Polen auf ihre Sicherheit. Die Whigs sind Betrüger, und die Polen haben kein Bargeld. Ich habe nie etwas mit Dummköpfen zu tun, es sei denn, ich kann es nicht vermeiden (ironischerweise), und ein toter Bär ist für mich ungefähr so nützlich, wie ich für einen toten Bären sein könnte."

„Also gut", drängte der andere, „da ist ein Buch, das Pope gehörte, Byrons Gedichte, das auf vierzig Pfund geschätzt wird, weil es Popes gleichen Kratzer auf der Rückseite hat. Was halten Sie von dieser Sicherheit?"

„Na ja, natürlich!", rief der Bäcker. „Aber was meinen Sie damit, Mr. Clip?"

„Das ist gemein, na ja, es ist heißer *und ruppiger* als Pope.

„Stiehl dieses Buch nicht, aus Angst vor dem Henkersseil;
denn es gehört Alexander Pope.“

Das alles steht auf der Innenseite des Bucheinbands, deshalb müssen wir *es*,
wie mein Sohn sagt, glauben.‘

„Nun, Sir“, bemerkte der Bestatter ehrerbietig und halb flüsternd, während
er sich über den Tisch beugte und dabei den Grog des Friseurs umstieß,
„dieses Argument lässt sich sehr leicht widerlegen.“

„Vielleicht, Sir“, sagte Clip ein wenig aufgeregt, „zahlen Sie für die erste
Enttäuschung, bevor Sie an eine weitere denken .“

„Nun“, sagte der Bestatter und verbeugte sich freundlich vor dem Friseur,
„ich *glaube*, ich sage, ich *glaube* – entschuldigen Sie, Mr. Clip, ich *glaube*, sehen
Sie, das wird bei der anwesenden Gesellschaft nicht gut ankommen – leider
hatte mein Herr die Ehre , den Sarg für das Hausmädchen des Lords zu
bauen, und das ist nicht länger als zwanzig Jahre her. Glauben Sie nicht, dass
ich stolz darauf bin, meine Herren; andere mögen es sein; aber ich hasse Rang
und Würde. Ich habe nicht mehr Respekt vor dem Diener eines Lords als
vor jedem respektablen Handwerker in diesem Raum. Ich darf nicht mehr
sagen, und ich habe auch nichts vor Mr. Clip! (verbeugt sich). Daher muss
der Lord lange nach Popes Tod geboren worden sein. Und es ist ein logischer
Einwand, dass sie beide nicht zur selben Zeit lebten. Was ich also meine, ist
dies hier, dass Pope nie ein Buch hatte, nie ein Buch sah, fühlte, nie ein Buch
roch (triumphierend), das dem Lord gehörte. Und wenn ich bedenke, meine
Herren, wie geduldig Sie meinen Ausführungen zugehört haben, fühle ich
mich verpflichtet, mich zu setzen, ohne etwas weiter zu sagen, denn das ist
die beste Art, Sie für Ihre Freundlichkeit zu belohnen – insbesondere , wenn
ich bemerke, dass gerade ein würdigerer Besucher als ich selbst
hereingekommen ist. Ich mache normalerweise keine Komplimente, meine
Herren. Wenn ich es also tue, hoffe ich, dass ich doppelt so stark ankomme.

„Ah, Herr Murgatroyd! Was hat es mit dem Schlagen mit doppelter Kraft auf
sich? sagte der Gegenstand der obigen Bemerkung, als er eintrat. „Ich
entschuldige nie, dass ein Mann im Winter wütend wird, selbst wenn er so
nah am Feuer sitzt wie Sie. Es ist sehr unklug, sich so ins Schwitzen zu
bringen. Was ist die Ursache dieser extremen körperlichen und geistigen
Erregung, Sir?“

Dies war die sehr philosophische Ansprache von Mr. Robert Bolton, einem
Stenographen, wie er sich selbst nannte – ein zweideutiges Geschwätz, das
in seiner Bruderschaft kursiert und dem Uneingeweihten eine umfassende
Vorstellung von der Entstehung dieses ministeriellen Organs vermitteln
muss, während es für Eingeweihte bedeutet, dass keine einzelne Zeitung
Anspruch auf ihre Dienste erheben kann. Mr. Bolton war ein junger Mann

mit einem etwas kränklichen und sehr ausschweifenden Gesichtsausdruck. Seine Kleidung war eine erlesene Mischung aus Vornehmheit, Schlampigkeit, Anmaßung, Einfachheit, *Neuheit* und Alter. Die eine Hälfte von ihm war für den Winter gekleidet, die andere Hälfte für den Sommer. Sein Hut war vom neusten Schnitt, dem D'Orsay; seine Hosen waren weiß gewesen, aber der Schmutz und die Tinte usw. hatten ihnen ein scheckiges Aussehen verliehen; um seinen Hals trug er eine sehr hohe schwarze Krawatte von äußerst tyrannischer Steifheit; während sein *gesamtes Ensemble unter den enormen Falten eines alten braunen Mantels mit Pudelkragen* verborgen war , der bis zur besagten Krawatte eng zugeknöpft war. Seine Finger lugten durch die Enden seiner schwarzen Glacehandschuhe, und zwei Zehen jedes Fußes hatten durch die Enden seiner High-Lows einen ähnlichen Blick auf die Gesellschaft. Den kahlen Wänden seiner Dachkammer heilig waren die Geheimnisse seiner inneren Kleidung! Er war ein kleiner, hagerer Mann mit etwas untergeordnetem Benehmen. Jeder schien von seinem Eintritt in den Raum beeinflusst zu sein, und seine Begrüßung jedes Mitglieds war Teil der Herablassung. Der Friseur machte ihm zwischen ihm und dem Bauch Platz. Eine Minute später hatte er sein Bier und seine Pfeife in Besitz genommen. Es trat eine Pause in das Gespräch ein. Jeder wartete und war gespannt auf seine erste Bemerkung.

„Grauenhafter Mord heute Morgen in Westminster", bemerkte Mr. Bolton.

Alle wechselten ihre Positionen. Aller Augen waren auf den Mann der Absätze gerichtet.

„Ein Bäcker hat seinen Sohn ermordet, indem er ihn in einem Kupferkessel kochte", sagte Mr. Bolton.

„Du meine Güte!", riefen alle voller Entsetzen.

„Ihn gekocht, meine Herren!" fügte Mr. Bolton mit größter Betonung hinzu, „ ihn *gekocht* !"

„Und die Einzelheiten, Herr B." fragte der Friseur, „die Einzelheiten?"

Mr. Bolton nahm einen sehr großen Schluck Porter und etwa zwei oder drei Dutzend Züge Tabak, zweifellos um den kaufmännischen Fähigkeiten der Firma die Überlegenheit eines mit der Presse verbundenen Gentlemans einzuflößen , und sagte dann:

„Der Mann war ein Bäcker, meine Herren." (Alle sahen den anwesenden Bäcker an, der Bolton anstarrte.) „Sein Opfer war sein Sohn und daher zwangsläufig auch der Sohn eines Bäckers. Der elende Mörder hatte eine Frau, die er im betrunkenen Zustand häufig trat, verprügelte, mit Bechern bewarf , niederschlug und im Bett halb tötete, indem er ihr einen beträchtlichen Teil eines Lakens oder einer Decke in den Mund steckte."

Der Sprecher nahm noch einen Schluck, alle sahen sich an und riefen: „Entsetzlich!"

„Es scheint bewiesen zu sein, meine Herren", fuhr Mr. Bolton fort, „dass Sawyer, der Bäcker, am gestrigen Abend in einem verwerflichen Bierzustand nach Hause kam." Frau S., ehelich rücksichtsvoll, trug ihn in diesem Zustand die Treppe hinauf in sein Zimmer und übergab ihn auf ihr gemeinsames Lager. Ein oder zwei Minuten später lag sie schlafend neben dem Mann, den im Morgengrauen einen Mörder sah!' (Völliges Schweigen zeigte dem Reporter, dass sein Bild die schreckliche Wirkung erzielt hatte, die er sich gewünscht hatte.) „Der Sohn kam etwa eine Stunde später nach Hause, öffnete die Tür und ging zu Bett. Kaum (meine Herren, begreifen Sie, wie beunruhigt er sich fühlt), kaum hatte er seine Unbeschreiblichkeit abgelegt , als Schreie (für sein erfahrenes Ohr *mütterliche* Schreie) die Stille der umgebenden Nacht erschreckten. Er zog seine Unbeschreiblichkeit wieder an und rannte die Treppe hinunter. Er öffnete die Tür des elterlichen Schlafzimmers. Sein Vater tanzte auf seiner Mutter. Was müssen seine Gefühle gewesen sein! In der Qual des Augenblicks stürzte er sich auf seinen männlichen Elternteil, als er gerade dabei war, seinem Weibchen ein Messer in die Seite zu stoßen. Die Mutter schrie. Der Vater nahm den Sohn (der dem väterlichen Griff das Messer entrissen hatte) auf die Arme, trug ihn die Treppe hinunter, stieß ihn in ein Gefäß mit kochendem Wasser zwischen etwas Leinen, schloss den Deckel und sprang darauf In dieser Position wurde er von der Mutter mit wildem Gesichtsausdruck gefunden, die gerade in dem melancholischen Waschhaus ankam, als er sich so eingerichtet hatte.

„Wo ist mein Junge?" schrie die Mutter.

„In diesem Kupfer, kochend", antwortete der gütige Vater kühl.

„Von der schrecklichen Nachricht überrascht, rannte die Mutter aus dem Haus und alarmierte die Nachbarschaft ." Eine Minute später kam die Polizei herein. Der Vater hatte die Tür des Waschhauses verriegelt und sich selbst verriegelt. Sie zerrten den leblosen Körper des gekochten Bäckers aus dem Kessel und trugen ihn mit einer Schnelligkeit, die für Männer ihres Standes lobenswert ist, sofort zum Bahnhofsgebäude. Anschließend wurde der Bäcker festgenommen, als er auf der Spitze eines Laternenpfahls in der Parliament Street saß und seine Pfeife anzündete.

Die ganze grausame Idealität der Geheimnisse von Udolpho , komprimiert in die markige Wirkung eines zehnzeiligen Absatzes, kann unmöglich eine solche Wirkung auf das Publikum des Erzählers gehabt haben . Schweigen, der reinste und edelste aller Beifallsbekundungen, zeugte hinreichend von der Barbarei des Bäckers sowie von Boltons Erzähltalent; und es wurde erst nach einigen Minuten durch zwischenrufeartige Äußerungen der tiefen Empörung aller Anwesenden unterbrochen. Der Bäcker wunderte sich, wie ein britischer Bäcker sich und den höchst ehrenwerten Beruf , dem er angehörte, so blamieren konnte; und die anderen gaben sich einer Vielzahl von Verwunderungen im Zusammenhang mit diesem Thema hin; darunter nicht zuletzt jenes Staunen, das ich über die Genialität und die Kenntnisse von Herrn Robert Bolton geweckt hatte, der, nachdem er eine glühende Lobrede auf sich selbst und seinen unbeschreiblichen Einfluss auf die Tagespresse gehalten hatte, mit höchst feierlicher Miene dazu überging, sich das Für und Wider der Frage nach einem Autogramm des Papstes anzuhören, als ich meinen Hut nahm und ging.

Bekannter Brief eines Elternteils an ein Kind
im Alter von zwei Jahren und zwei Monaten

MEIN KIND ,

ERZÄHLEN , mit welcher Mühe ich Sie großgezogen habe, mit welch besorgtem Auge ich Ihre Fortschritte beobachtet habe, wie lange und wie oft ich bis in die Nacht für Sie gearbeitet habe, und wie viele tausend Briefe ich von Ihren verschiedenen Verwandten und Freunden erhalten und an sie geschrieben habe, von denen viele mürrisch und reizbar waren. Ich möchte auf die Sorge und Zärtlichkeit eingehen, mit der ich (soweit es mir möglich war) Ihr Essen geprüft und ausgewählt habe. die unverdauliche und schwere Nahrung abzulehnen, die einige unbesonnene, aber gutmeinende alte Damen Ihnen aufgezwungen hätten, und nur jene leichten und angenehmen Speisen beizubehalten, von denen ich glaubte, dass sie geeignet wären, Sie von allen groben Launen freizuhalten und Sie zu einem angenehmen Kind zu machen, das in der Gesellschaft allgemein beliebt sein könnte; mich über die Beständigkeit auszulassen, mit der ich verhindert habe, dass Sie jeder Gesellschaft durch politische Gespräche auf die Nerven gingen – und Ihnen stets zu versichern, dass Sie mir eines Tages selbst dafür danken würden, wenn Sie älter wären; mich kurz gesagt über meinen eigenen Fleiß als Vater auszulassen, liegt neben meiner gegenwärtigen Absicht, obwohl ich nicht umhin kann, Ihr schönes Aussehen, Ihre robuste Gesundheit und Ihren ungehinderten Kreislauf (den ich für das große Geheimnis Ihres guten Aussehens halte) ohne die lebhafteste Befriedigung und Freude zu betrachten.

Es ist eine banale Feststellung, und ich bin sicher, dass Sie diese Feststellung, so jung Sie auch sind, schon oft gehört haben: Wir leben in seltsamen Zeiten und in einer Zeit ständiger Veränderungen . Ich hatte erst vor ein oder zwei Wochen ein trauriges Beispiel dafür. Ich war mit dem Postzug auf der Rückfahrt von Manchester nach London, als ich plötzlich in einen anderen Zug – einen gemischten Zug – geriet und in Gedanken versunken war, weil der Postbeamte so niedergeschlagen und trostlos war. Wir hielten an einer Wasserstation, als er langsam aus der kleinen Kiste stieg, in der er in gespenstischer Verhöhnung seines alten Zustands mit Pistole und Donnerbüchse neben sich saß, bereit, den ersten Straßenräuber (oder Eisenbahner) zu erschießen, der versuchen sollte, die Pferde anzuhalten, die jetzt (wenn sie überhaupt reisen) in einem zu diesem Zweck erfundenen transportablen Stall *drinnen reisen* – er stieg, sage ich, langsam und traurig von seinem Posten ab und blickte kummervoll um sich, als hätte er eine düstere Erinnerung an das alte Wirtshaus am Straßenrand, das lodernde Feuer – das Glas schäumendes Bier – die dralle Magd und die bewundernden Anhänger der Schankstube und des Stalls, die sich alle durch seine Aufmerksamkeit geehrt fühlten ; und er zog sich ein wenig zurück, lehnte sich an einen Signalpfosten und musterte die Lokomotive mit einem Blick voll Kummer und Abscheu, den keine Worte beschreiben können. Sein scharlachroter Mantel und die goldenen Schnürsenkel waren von unwürdigem Rauch befleckt; Rußflocken waren auf seinen hellgrünen Schal gefallen – sein ganzer Stolz in alten Zeiten –, der Dampf kondensierte in dem Tunnel, aus dem wir gerade gekommen waren, und glitzerte wie Regen auf seinem Hut. Sein Blick verriet, dass er an den Kutscher dachte, und als er zu seinem eigenen Sitz und seiner schnell verblassenden Kleidung wanderte, war deutlich zu erkennen, dass er das Gefühl hatte, sein Amt und er selbst hätten dort nichts zu suchen und seien nichts weiter als ein ausgeklügelter Scherz.

Als wir davonwirbelten, wurde ich unmerklich in eine Vorahnung der kommenden Tage geführt, in denen Postkutschenwächter nicht länger Richter über Pferdefleisch sein werden – in denen ein Postkutschenwärter noch nie ein Pferd gesehen haben wird – in denen die Bahnhöfe dies tun werden haben die Ställe verdrängt, und das Korn soll dem Koks Platz gemacht haben. „In diesen anbrechenden Zeiten", dachte ich, „werden die Ausstellungsräume voller Porträts der Lieblingslokomotive Ihrer Majestät sein , mit Kesseln nach der Natur von künftigen Landsehern . " Ein noch ungeborener Amburgh wird wilde Pferde durch seine magische Kraft zerschmettern; und in der Kleidung eines Postkutschenwächters stellen sie seine trainierten Tiere in einer nachgebildeten Postkutsche aus. Dann werden verwunderte Menschenmengen beobachten, dass mit Ausnahme seiner Peitsche alles sein Auge ist; und gekrönte Häupter werden sie mit Hafer gefüttert sehen und ruhig und unbeirrt allein dastehen , während Theken erschrocken fliehen, wenn die Renner wiehern!'

Das waren die Überlegungen, mein Kind, aus denen ich damals wie heute nur durch die Notwendigkeit geweckt wurde, mich mit gegenwärtigen, wenn auch unbedeutenden Angelegenheiten zu befassen. Ich entschuldige mich nicht für den Exkurs, denn er bringt mich ganz natürlich zum Thema der Veränderung, das genau das Thema ist, das ich behandeln möchte.

Tatsächlich, mein Kind, hast du den Besitzer gewechselt. Von nun an überlasse ich Sie der Obhut und dem Schutz eines meiner engsten und wertvollsten Freunde, Herrn Ainsworth, bei dem und bei Ihnen meine besten Wünsche und wärmsten Gefühle für immer bleiben werden. Ich habe keinen Gewinn oder Gewinn daraus, mich von Ihnen zu trennen, und es wird auch keine Übertragung Ihres Eigentums erforderlich sein, denn in dieser Hinsicht waren Sie im wahrsten Sinne des Wortes immer „Bentleys" Miscellany und niemals meins.

Anders als der Fahrer der alten Manchester-Post betrachte ich diesen veränderten Zustand mit Gefühlen ungetrübter Freude und Befriedigung.

Anders als der Schaffner der neuen Manchester-Post ist *Ihr* Schaffner an seinem neuen Platz zu Hause und hat lärmende Straßenräuber und galante Desperados immer in Reichweite. Und wenn ich Sie, mein Kind, mit einer Lokomotive vergleichen darf (keine Tory-Lok und auch keine Whig-Lok, sondern eine flotte und schnelle Lokomotive), Ihre Freunde und Gönner mit Passagieren und denjenigen, der Ihnen jetzt in *loco parentis* als geschickter Lokführer und Aufseher des Ganzen gegenübersteht, würde ich demütig um Erlaubnis bitten, die Abfahrt des Zuges auf seiner neuen und glückverheißenden Strecke um einen kurzen Augenblick zu verschieben, während ich mit dem Hut in der Hand Seite an Seite mit dem Freund gehe, der mit mir auf der alten Straße reiste, und mir erlaube, um Gunst zu bitten und Freundlichkeit ihm und seiner neuen Schützlinge gegenüber, sowohl ihnen als auch dem alten Kutscher zuliebe,

Boz.

www.ingramcontent.com/pod-product-compliance
Lightning Source LLC
LaVergne TN
LVHW091618170726
843492LV00007B/2490